名護親方・程順則の〈琉球いろは歌〉

和男

ボーダー新書
001

はじめに

　本書は平成十七年（二〇〇五年）初版発行の『「琉球いろは歌」と六諭のこころ―程順則名護親方寵文の教え』に加筆するなどして再構成したものである。

　程順則の「琉球いろは歌」は昭和初期の頃から多くの書物で紹介されているが、歌にどのような文字をあてて表記するか、著者によって異なる場合が多々ある。例えば「子孫寄言や　油断どもするな　命ちながする　営と思れ」という「教訓子孫」の教えを説明する琉歌の最後の六文字を「糸縄と思れ」と表記している場合もある。「営《イトゥナ》」と「糸縄《イトゥナ》」のいずれも間違いではないと思われるが、程順則の生い立ちや時代背景を考えると「子孫の教育は一時たりとも怠ってはならない。それは自分の家系を子々孫々につないでいくための当然の営み（仕事）だと思いなさい」ととらえた方が理にかなっているように思われる。

　このように、琉歌にどのような思いをうたいこんだかを考察することも意義があり、そのためには程順則の人柄や育ちの社会背景を理解することも大切である。よって、第一章の後段に程順則が生きた時代とその関連年表を付記することとする。

　また、私財を投じて『六諭衍義《りくゆえんぎ》』を複製し持ち帰るなど、程順則がその普及にこれほどまでに心血を注いだ背景には、両親や兄弟、愛妻や子供たちに対する供養の念が込められていると思えてならない。程順則が十三歳の時、父・泰祚が中国で逝去した。三十二歳の時には、四男を出産した直後に妻が死去、翌年には母が、四十歳の三月に三男が、六月に弟が中国での公事を竣え帰国途中に船が難破して死去した。さらに不運なことに、七月には長男が、九月には次男が亡くなっている。たび重なる肉親との死別を経た程順則の「身内に対する切なる思い」が、『六諭衍義』を持ち帰り、六諭のこころを、琉歌によって広く一般庶民にまで敷衍する原動力になっているものと思う。

ふりかかる苦難に耐えしのび、これを持ち前の精神力で果敢に乗り越えながら新たな人生を創り出す。これらのことが程順則の人柄をつくるもとになっているとも思われるし、中国や日本の要人たちからも尊敬され、琉球の多くの人々から慕われ続けることによって、いつの日か「聖人」と称されるようになったゆえんでもあると思うのである。

本書を通して「琉球いろは歌」に接し、「名護親方のこころ」にふれることによって、読者の心が豊かになり、新たな人生をつくり出していく原動力になれば幸いである。

それと同時に、子弟の教育や日々の子育てにも役立てられることを祈念したいと思う。

目次

第一章

名護親方・程順則と『六諭衍義』

名護親方・程順則とは

程順則《ていじゅんそく》は一六六三年に那覇の久米村で生まれ、琉球で初めての学校（明倫堂）を建てるなど、広く教育を行った人物として知られる。一七二八年に名護間切の総地頭（近世の役職名で、間切を領土とする長）を任じられ、「親方《ウェーカタ》」の位をいただき、名護親方となった（間切とは今で言う市町村のことで、名護間切は現在の名護市の一部）。程順則は、その徳の高さから「名護聖人」とも称されるなど、人々に希望と勇気を与えた偉大なる先人の一人である。（本章末尾に程順則関連年表を付した）

その頃の琉球は、人間の「心の在り方」、つまり「道徳性」を重視する社会であったため、礼節を重んずる国として、中国から高い評価を受けていた。そのため、中国の冊封使を迎える首里城の門には、「守禮之邦」の扁額《へんがく》が掲げられていた。

このような社会に生まれ育った程順則が、二十一歳の時に私費で中国に留学した際に出会った書が『六諭衍義《りくゆえんぎ》』である。程順則はその書にことのほか興味を持ち、感動の中で何回も読みふけったという。

程順則

それは、「六諭衍義」の内容が、「心の在り方」を大切にする琉球の「チムグクル文化」と共通するところが多いために、理解しやすく、琉球の子弟を教育する教本として最適であると考えたためである。

六諭と六諭衍義

『六諭衍義』というのは、「六諭」の教えを例話などを入れて分かりやすく解説したものである。六諭とは、中国の明代洪武帝が、洪武二一年（一三八八年）に民衆教育の目的で宣布した「教民榜文《きょうみんぼうぶん》」の、四十一ヶ条中の自治章程の一条で、

「孝順父母」（父母《ふぼ》に　孝順《こうじゅん》なれ）
「尊敬長上」（長上《ちょうじょう》を　尊敬《そんけい》せよ）
「和睦郷里」（郷里《きょうり》は　和睦《わぼく》せよ）
「教訓子孫」（子孫《しそん》を　教訓《きょうくん》せよ）
「各安生理」（各《おのおの》　生理《せいり》に安《やす》んぜよ）

「毋作非為」（非為《ひい》を　作《な》す毋《なか》れ）

の六款で構成されている。（六諭の内容については第三章に詳述）

もともと四十一條もある教民榜文の中で、特に自治章程中の「六諭」の一條のみが尊重され独立した勅諭のようになったのは、地方自治における一種の法律として住民の理解を深めることによって、自治をを円滑にし、統一国家を維持する目的があったと考えられる。そのことは、政情が不安定な時に六諭の普及に力を注いでいることからも、うかがい知ることができる。

『六諭衍義』の「衍」は「はびこる」の意味をもつ。六諭の各項に律令の条文を引用したり、例話を挿入したりすることによって、六諭の意味をより分かりやすく解説し、その意義を社会全体に浸透させることを目的に書かれたのが「六諭衍義」なのである。

『六諭衍義』の著者は会稽《かいけい》の范鋐（はんこう）であるとされるが、著した年代ははっきりしていない。

13ページの「聖諭」の扁額は、順治九年（一六五二年）に「六諭」を敷衍《ふえん》するために公布されたものである。その末尾には、六諭の教えを全国津々浦々まで徹底して浸透させるために、組織を挙げて民衆に教え諭していったこと、組織の末端においては旧暦の一日・十五日に官民のすべての人が公所に集まり、六諭を敷衍することが恒例となっていることなどが記されている。

中国では一六三六年に清朝が興り、一六四四年に明朝が事実上滅び、そして一六六二年に完全に滅びた頃、政情を安定させるために六諭の敷衍に全力を注いだのである。従って、『六諭衍義』が記されたのは一六五〇年前後であり、一六六三年に程順則が生まれる直前の出来事であった。

扁額の最後の一行には、「雍正《ようせい》庚戌《かのえいぬ》之《の》秋《あき》」、つまり一七三〇年の秋に程順則が自筆で書写したことが記され、落款が付されている。

六諭衍義との出会い

程順則と六諭との出会いはどのようなものだったのか。

一六八三年、程順則は二十一歳で留学生として中国に赴いた（第一回目の渡中）。師事していた竺《じく》天《てん》植《しょく》先生を訪ね、その机上にあった本に目が止まった。六諭衍義との最初の

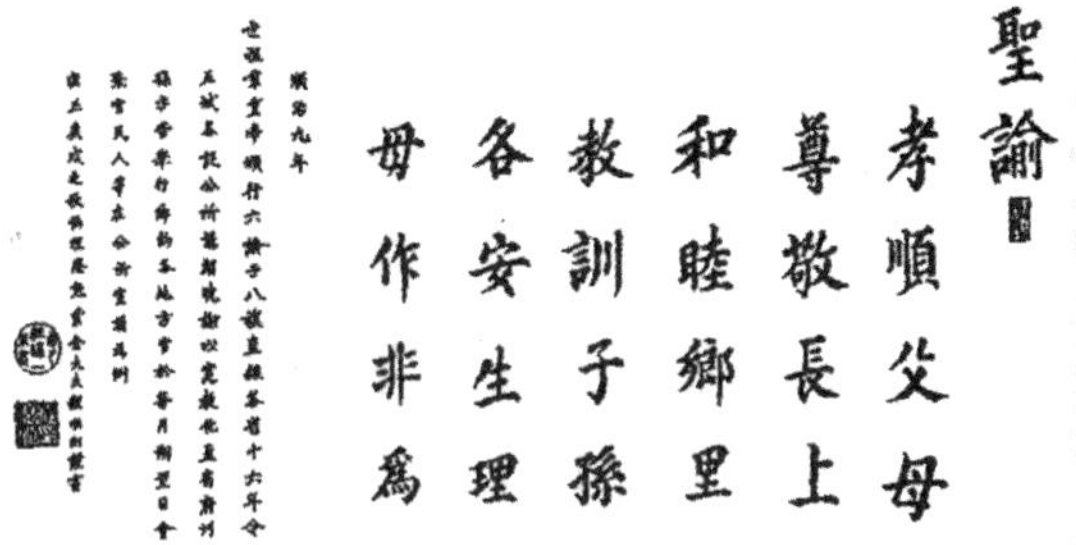

聖諭

孝順父母
尊敬長上
和睦鄉里
教訓子孫
各安生理
毋作非爲

順治九年
世祖章皇帝頒行六諭于八旗直隷各省十六年令
五城各設公所講解曉諭以寛教化直省府州
縣亦皆舉行鄉約各地方官於毎月朔望日會
聚官民人等在公所宣講為例
雍正庚戌之秋協理隆勲紫金大夫程順則謹書

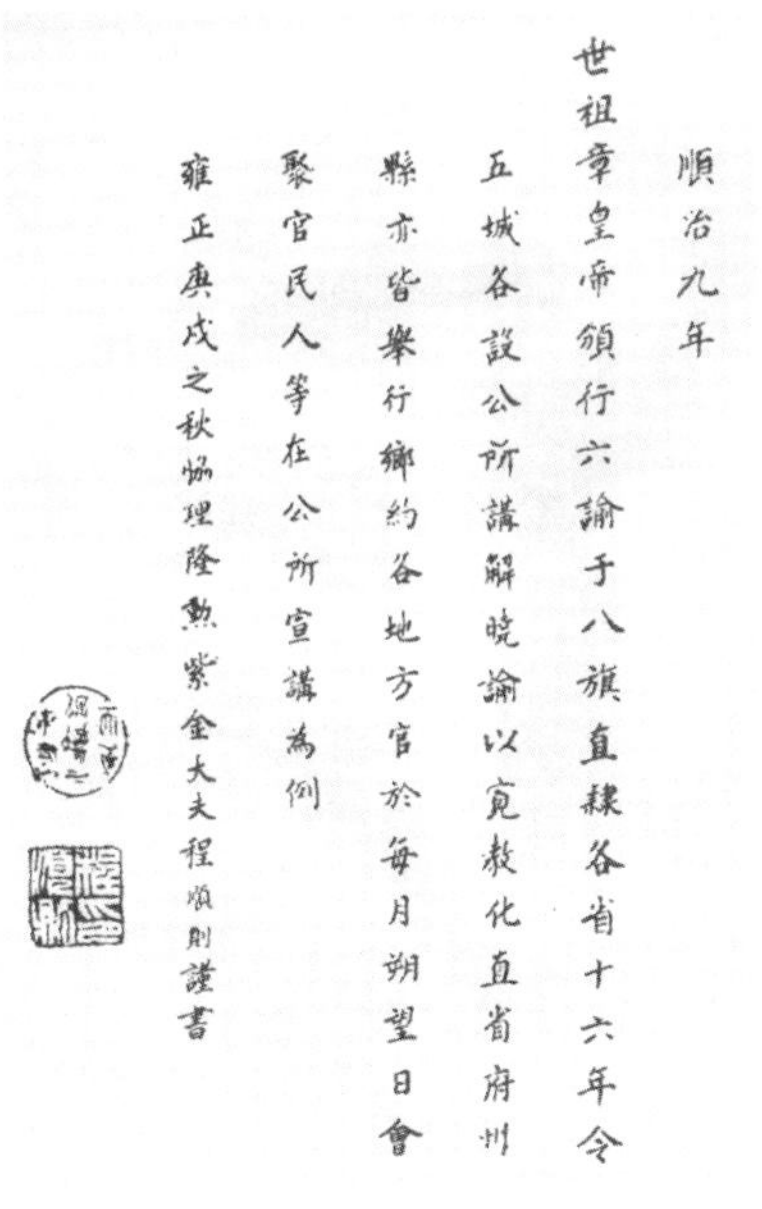

順治九年
世祖章皇帝頒行六諭于八旗直隷各省十六年令
五城各設公所講解曉諭以寛教化直省府州
縣亦皆舉行鄉約各地方官於毎月朔望日會
聚官民人等在公所宣講為例
雍正庚戌之秋協理隆勲紫金大夫程順則謹書

聖諭の扁額と落款

出会いである。

その時から二十五年の歳月を経て、第四回目の渡中の時に、福州《ふくしゅう》柔遠駅《じゅうえん》の琉球使館内で巨額の私財を投じて覆刻製版し印刷して持ち帰った。一七〇八年のことである。

程順則が『六諭衍義』を印刷して持ち帰った目的は、中国語の正しい発音を教えるのに最適な本であったばかりでなく、道徳教本としてもすぐれた内容であったためである。中国へ入貢するときに言語が未熟では不便であることから、官話を十分に教え込んでおく必要がある。幸いにして『六諭衍義』は、庶民に教えることを目的に書かれた本であることから、その国の俗語を多く用いている。俗語は意味が分かりやすいため、言葉を学ぶ上では最も適当な教科書であった。

その上「人としての心の在り方」を学ぶことができるとなれば、なおのこと「心引かれる書」であったに違いない。

六諭衍義の普及

程順則は一七一四年に江戸慶賀使《けいがし》として江戸へ行く際に、薩摩の島津吉貴《しまづよしたか》公に『六諭衍義』を献上した。その六諭衍義は、一七一九年に第八代将軍徳川吉宗に献上され、吉宗は一七二一年に室鳩巣《むろきゅうそう》にその和解を命じ、翌年、鳩巣大意本『官刻六諭衍義大意』が刊行された。それを機として、各藩校や寺子屋における子弟教育のお手本として使用されるようになり、日本全国に広まることとなる。

その頃から、六諭衍義は単なる地方自治の律令《りつりょう》としてではなく、また、語学の教書としてでもなく、むしろ庶民道徳の教本としての意味を強く持つようになる。そして、およそ二百年もの間、人心を善導する「道徳の教科書」として使用されることになる。

その間、各藩や地域においては、その実情に即した事例を取り入れたり、さし絵を入れるなどの工夫が行われた。また、時代の変遷によって不適当と思われる事例や記述を訂正したり、削除したりしながら、明治四十四年に刊行された「石橋本六諭衍義大意」に至るまでに、さまざまな六諭衍義の本が出版されている。

琉球いろは歌と六諭のこころ

「琉球いろは歌」とは、程順則が詠んだ数々の琉歌を「いろは順」に編集したものである。

程順則は、人間として生きていく上で不可欠な「心の在り方」について追求し、歌を通して人々を諭し、教育したものと考えられる。

このように、「六諭衍義」も「琉球いろは歌」も共通して人間の「心の在り方」を追求しているのは偶然の一致ではないと考えられる。程順則は「六諭」の教えを琉球の人々に分かりやすく伝える方法として「琉歌」を用いたものと思われる。いわば、「琉球いろは歌」は、「六諭」の教えを方言でやさしく解説する良き方法であったのである。さらに、「いろは歌」は、幅広く人間が人間として生きていくための指針を示したものとも受け取れる。

次章より、単に己のより良い生き方だけではなく、未来の担い手である子どもたちの教育に直接関わりを持つ親や教師、さまざまな活動の指導者等の「あるべき姿」にも触れながら、程順則の「琉球いろは歌」を紹介し、「心の在り方」を考えてみることとする。

第三章においては、室鳩巣《むろきゅうそう》撰『六諭衍義大意』を元にしながら、「六諭」の教えを簡潔に解説する。そして、それぞれの教えを一般庶民に理解させ、広めるためにつくられた「琉球いろは歌」の中から、代表的な琉歌を選んで付記することとする。

〈程順則関連年表〉

程順則が生きた時代は、歴史区分でいうと近世にあたる。

一六〇九年の薩摩侵攻から五十四年後の一六六三年十月二十八日、程順則は字名・寵文として那覇の久米村に誕生した。その頃の琉球は島津の管理下におかれ、日本の制度が持ち込まれるなど、社会が大きな変容を余儀なくされていた。程順則は長じて官僚となり、こういった制度の普及や改革に寄与することとなる。そして中国へ幾度も派遣され、さまざまな学問を学び、六諭と出会うことになるのである。

程順則と六諭とのつながりを考える時、これらの歴史的背景を看過することはできない。

よって、程順則が生きた時代を知るために、次ページより関連年表を掲載する。

太字部分は程順則に関する事項である。

一六〇九年　薩摩軍、琉球に侵入し、国王・三司官らを伴って引き揚げる

一六一六年　佐敷王子（尚豊）、国質として薩摩に上国。薩摩より朝鮮陶工を連れ帰り、「涌田ん窯」を開かせる

一六二三年　儀間真常、垣花で製糖を始める

一六三四年　初めて慶賀使、謝恩使が遣わされる

一六三六年　満州王朝、国号を「清」とする。このころ清国で六諭の普及が始まる

一六三九年　日本、ポルトガル船の来航を禁じ、鎖国が完成する

一六四四年　明朝滅亡

一六四五年　砂糖・ウコンの専売制が設置される

一六四六年　清朝に進貢。このころ六諭の普及が徹底されるようになる

一六四九年　清の世祖、琉球を招撫する

その頃から冊封使を迎える首里城の門に「守禮乃邦」の扁額を常設するようになる。

一六五二年　羽地朝秀（向象賢）、羽地の総地頭となる

一六五三年　明国からの国印を清朝に返上
一六五四年　他村より首里・那覇・久米村・泊へ移住することが禁じられる
一六六〇年　首里城正殿が火災によって炎上
一六六二年　砂糖奉行をおく
一六六三年　程順則生まれる
一六六六年　本部間切、美里間切の設置。羽地朝秀、摂政に
一六六七年　羽地朝秀、大和芸能を奨励する令達を出す
一六七一年　首里城の重修終わる（初めての瓦葺き）宜野湾間切設置
一六七三年　恩納・大宜味・久志・小禄の四間切を設置
一六七四年　若秀才となる（年俸・米五斗）
　　久米村に孔子をまつる「孔子廟」を竣工させる
一六七五年　程順則の父・泰祚、蘇州にて病死
一六七六年　秀才に挙げられ、元服する（年俸・米一石五斗）
一六七七年　父の家統を継いで、真和志間切古波蔵地頭になる
一六八三年　通事となる。留学生として第一回目の中国訪問

一六八七年　中国から帰国。講解師匠（国が認める先生）となる
一六八九年　通事として第二回目の中国訪問。琉球館に三年とどまる
一六九一年　帰国。『十七史』を購入し孔子廟に献上する
一六九四年　妻が二十九歳で逝去
一六九五年　母が五十八歳で逝去
一六九五年　黄甘藷が中国より導入される。程順則、都通事となる
一六九六年　進行北京大通事となる。第三回目の中国訪問
一七〇二年　三月に三男が、六月に弟・順性が、七月に長男、九月に次男が相次いで逝去
一七〇六年　進行正議太夫となる。第四回目の中国訪問
一七〇八年　『六諭衍義』を中国で製版・印刷し持ち帰る
一七〇九年　首里城炎上　丑年の大飢饉により死者三一九九人
一七一四年　江戸慶賀使として与那城王子、金武王子に随行し江戸に赴く
途中、島津吉貴公に朝見し、『六諭衍義』を献上
江戸に上り、新井白石や荻生徂徠らと会見
一七一八年　琉球最初の学校「明倫堂」を久米村に創建。玉城朝薫が組踊を創作

一七一九年　程順則、三司官座敷に列せられる
島津吉貴公、「六諭衍義」を徳川吉宗に献上
冊封使歓待の宴で初めて組踊が上演される
一七二〇年　前年の冊封に対する謝恩使として中国に行く（第五回目の中国訪問）
一七二二年　室鳩巣和解本「官刻六諭衍義大意」刊行される
一七二八年　名護間切の総地頭となり、以後は名護親方と呼ばれるようになる
一七三四年　逝去

第二章　名護親方のこころ〈琉球いろは歌〉

い

意見《イチン》寄言《ユシグトゥ》や《ヤ》　身《ミ》の《ヌ》上《ウィ》の《ヌ》たから《タカラ》
耳《ミミ》の《ヌ》根《ニ》ゆ《ユ》開《ア》き《キ》て《ティ》　肝《チム》に《ニ》留《トゥ》み《ミ》り《リ》

〈歌のこころ〉

他人から受ける意見や教訓は、我が身にとってはこの上ない宝である。だから、しっかりと聞いて忘れることがないように、心に留めておきなさい。

〈解説〉

他人を褒めたりお世辞を言うことは簡単であり、言われた方も心地よくは思ってもイヤな気持ちは起こらない。しかし、注意や忠告をしたり教訓じみたことを言ったりすることは、相手の感情を逆なですることになったり、憎まれることさえも予想される。このようなことから、どんなに親しい友人とはいってもなかなか単刀直入には言い出せるものではなく、それなりに勇気を必要とするものである。

　従って、親しい友人や周りの人々から意見や寄言を言われるということは、宝を貰うのと同じだと思わねばならない。だから、耳障りだと思わずに、相手の言葉を冷静に聞き、しっかりと心に留め置くことが大切なのである。

　特に我が子を思う親の言葉は「身の上のたから」として、反発することなく真摯に受け止めることが大切である。

　そのようなことから、「てぃんさぐぬ花や　爪先に染めてぃ　親ぬ寄言や　肝に染みり」という「てぃんさぐぬ花」の詩や、「六諭」の教義の一つである「孝順父母」の教えと共通する「こころ」であるととらえることができる。

ろ

櫓《ル》舵《カジ》定《サダ》みてど《ミティドゥ》　船《フニ》も《ン》走《ハシ》らしゅる《ラシュル》
寸法《スンポ》はじらすな《ハジラスナ》　肝《チム》の《ヌ》手綱《タンナ》

〈歌のこころ〉

船は櫓や方向舵を定めてから走らせるものである。人がこの世を生きていくときも目的を定め、心の手綱をしっかりと引き締めて、進む方向（目標）を見誤らないように注意することが大切である。

〈解説〉

目的もなく海原に船を繰り出す人はなく、目標なしに船を走らせる人もいない。つまり、人間は何を成すにも行き着くところを見極め、正しい判断によって行動を起こさなければならない。しっかりとした目的を持って行動し、目標に向かって進んでいかなければ、つまらない人生を歩むことになる。より良い人生を歩みたいと思うならば、目的や目標に従って明確な計画を設計することである。

「一年の計は元旦にあり、一日の計は朝にあり」と言われるように、人間の行動は計画的でなければならないし、目的的でなければならないのである。それが、いわゆる「寸法はじらさない」最善の方法なのである。

ろ
櫓舵定みてど
船も走らしゅる
寸法はじらすな
肝の手綱

人間が「肝の手綱」をしっかりと引き締めて、目標に向かって努力し続けることは、己の有意義な人生を構築するための大切な「こころ」なのである。これは、「六諭」の「各安生理」（おのおの　せいりにやすんぜよ）と共通する教えとして肝に命じておきたい。

は

恥ゆ思み詰みり《ハジユウミチミリ》　朝夕物事に《アサユムヌグトゥニ》
我肝修みゆる《ワチムウサミユル》　要と思り《カナミトゥムリ》

〈歌のこころ〉

日々の生活の中でありとあらゆる出来事や物事に対して、人として恥ずべきことは何であるかをしっかりわきまえておくことが大切である。それが、自分の心の修養と自己研鑽をするための要になるのだと心得なさい。

〈解説〉

「恥知らずは向上しない」と言われるように、羞恥心はあらゆる徳の源泉である。従って恥というものは、自己の心を修養する要であり、人間の向上心が湧き起こる源である。

また、「習うは一時の恥、知らずは一生の恥」という言葉もあるように、知らないことを恥と思わなければ、習おうという気持ちも起こらないはずである。

従って、一時の恥のためらいで一生恥をかかないように、素直な気持ちと謙虚な態度で、老若男女を問わずすべての人々に教えてもらう心を持ち合わせることは、極めて大切なことである。それが、己を成長させる原動力なのである。

特に、直に子どもと関わり、子どもの成長・発達を助長し、支援する立場にある人々は、子どもの良さに学ぶことも忘れてはならない。

ありとあらゆる機会に自己研鑽に励み、心の修養に努めたいものである。

に

憎さある人も《ニクサアルヒトゥン》　憎さどもするな《ニクサドゥンスルナ》
肝の持ちなしや《チムヌムチナシヤ》　広く開きり《ヒルクアキリ》

〈歌のこころ〉

たとえ憎い人であっても憎んではならない。心は常に広く持つように心がけなさい。

〈解説〉

他人から恨みに思うようなことをされたとしても、決してそれを恨みに思うことなく、かえって相手に対しては哀れみや善意をもって接するくらいの、寛大な心をもつことが大切である。

「徳を以《もっ》て怨みに報ゆ」という程順則の人柄がにじみ出る歌である。だからこそ世の人々

は、徳の高い人として尊敬し、程順則の前では何人たりとも襟を正したということが理解できる。それはまた、程順則が「名護聖人」と呼ばれるゆえんでもあると思われる。

子どもたちを教育する立場にあるものは、ちょっとしたことでも批判されたり中傷されたりする。そういうときこそ冷静さと寛大な心を持ち、程順則の心境に近づきたいものであるが、俗人にはそう簡単にはいかないものである。

しかしながら、少しでも程順則の徳に触れつつ歳を重ねていくのも意義ある人生であり、六諭の「和睦郷里」（きょうりは　わぼくせよ）につながる〈こころ〉を大切にしたいものである。

ほ

蛍《フタル》火《ビ》の《ヌ》影《カジ》に《ニ》　墨《シミ》習《ナラ》て《ティ》だいんす《デンシ》
油《ユ》断《ダン》さ《サ》ぬ《ン》者《ムヌ》ど《ドゥ》　沙《サ》汰《タ》や《ヤ》残《ヌク》る《ル》

〈歌のこころ〉

蛍火を利用しても学問をしようとする。その絶え間なく努力し続ける人こそが世間からも高い評価を受け、名声を残すものである。

〈解説〉

どんなに悪条件の中であっても、前向きの姿勢と「やってやろう」という強い意志があれば、必ずその方法が生まれ、物事を成功に導くことができるものである。「貧しくて灯油が買えないから学問ができない」ということでなく、やる気があればたとえ蛍火でも雪光でも書が読めるということである。

物事がうまくいかないとき、自分の創意・工夫や努力する姿勢を棚に上げて、周りの諸条件の不備に原因を求めてはならないわけである。特に次代を担う子どもたちの「生きる力」を育み、たくましい人間に育てるという職にある者は、日々の子どもの変化・成長を的確にとらえ、それに対応する教育を施さねばならない。

そのためには柔軟な姿勢で学び、あらゆることに創意と工夫を以て挑むことが大切なのである。このような心がけや努力し続ける姿勢が、己の人生を豊かにし、意義深いものに創り上げていくのである。

へ

下手からど習て《フィタカラドゥナラティ》　勝れいんすゆる《スグリインスユル》
及ばらぬと思て《ウユバラントゥムティ》　思案するな《シアンスルナ》

〈歌のこころ〉

下手だからこそ練習に練習を重ねて上手になるものである。「自分にはとうてい及ばない」と思って悩むことはない。

〈解説〉

学問の道であろうと芸能の道であろうと、あらゆることが一歩から始まることを忘れてはならない。生まれながらにして何でも上手にできる人はいない。日々の地道な努力が物事を上手にもし、勝れるようにもなるのである。

私自身も三十才頃までは、「三線なんぞは自分がやるものではない」と強く思っていた。ところが、いざ三線を手にしたときから、「下手だからこそ習う」ことや「人前で演ずれば誰かが教えてくれる」ことなどをモットーにしてきた。それは、私に三線の手ほどきをしてくれた最初の師匠（上間久武氏）が私を励ますときの口癖でもあったからである。「及ばらぬ」と思って敬遠していたことが、現在の自分の生活を豊かにしていることを考えると「習いはじめて本当に良かった」と思うのである。

　先々のことを思い煩い、何も行動できないことほどつまらない人生はない。思いついたらためらうことなく実行し、豊かな人生を創りたいものである。

〈へ〉

下手からど習て
勝れこんすやる
及ばらんと思て
思棄すさな

と

年《トゥシ》の《ヌ》寄《ユ》てて《ティティ》やい《ヤイ》　徒《イタジラ》に《ニ》居《ヲゥ》る《ル》な《ナ》
一事《チュクトゥ》ども《ドゥン》すりば《スリバ》　為《タミ》ど《ドゥ》なゆる《ナユル》

〈歌のこころ〉

年を取ったからとて、ただ空《むな》しくのんのんと時間を過ごしてはいけない。何か一事でもすれば為になるではないか。


〈解説〉

長生きのコツは頭や体を動かして何かをやることである。どんなに年を取っても自分にできることが一つくらいはあるはずである。どんな小さなことでも人の為になることをやることである。

人生を三十年区切りで考えるならば、第一は「学びの人生」であり、第二は「創造の人生」である。幼・小・中・高・専門学校・大学等で学んだ後は、社会の中心、職場の中核、家庭の柱として、平和な社会を創造し、仕事づくり、人づくり、家づくり、子育て等々、創造し続ける人生なのである。

六十才を過ぎた第三の人生は、「ゆとりと奉仕の人生」である。学び続け創造し続けたことを社会に放出する。ゆとりをもって学びつつ、一つでも奉仕できれば、幸せな人生なのである。年寄りだからといってボヤボヤしておれない。これは真に、現在の生涯学習社会の到来を予測したような歌である。

同時に、程順則の生き方そのものでもあり、生涯学び続けた「聖人のこころ」である。

ち

知能才《チヌザ》ある《アル》人《フィトゥ》や《ヤ》　世《ユ》の《ヌ》中《ナカ》の《ヌ》手本《ティフン》
朝夕《アサユ》努《チトゥ》みとて《ミトゥティ》　沙汰《サタ》よ《ユ》残す《ヌクス》

〈歌のこころ〉

知能が勝れさまざまなことに己の才能を発揮できる人は世の中の模範である。朝夕いつでも努力することによって、世間からの評判が残るようにしなさい。

〈解説〉

子どもを見れば、その親の全体像が見えてくるし、指導者の小さな癖まで見えてくると言われるように、子どもは親の後ろ姿を見て育ち、指導者を手本として育っている。

つまり、子どもは幼少の頃は親の影響を受けて育ち、幼稚園・小学校の頃からは親以外の人々の影響を大きく受けるようになる。したがって、子どもと関わりを持つ人は常にその模範になるように心がけねばならない。

特に子どもの生活の中で、親以外に最も長い時間子どもと関わっているのは、学校の教師、部活の監督やコーチ、お稽古ごとの師匠の先生方である。

だから、子どもたちは無意識の中でそれらの先生方からさまざまなことを学んでいるのである。それが好むと好まざるとにかかわらず影響を受けているのである。

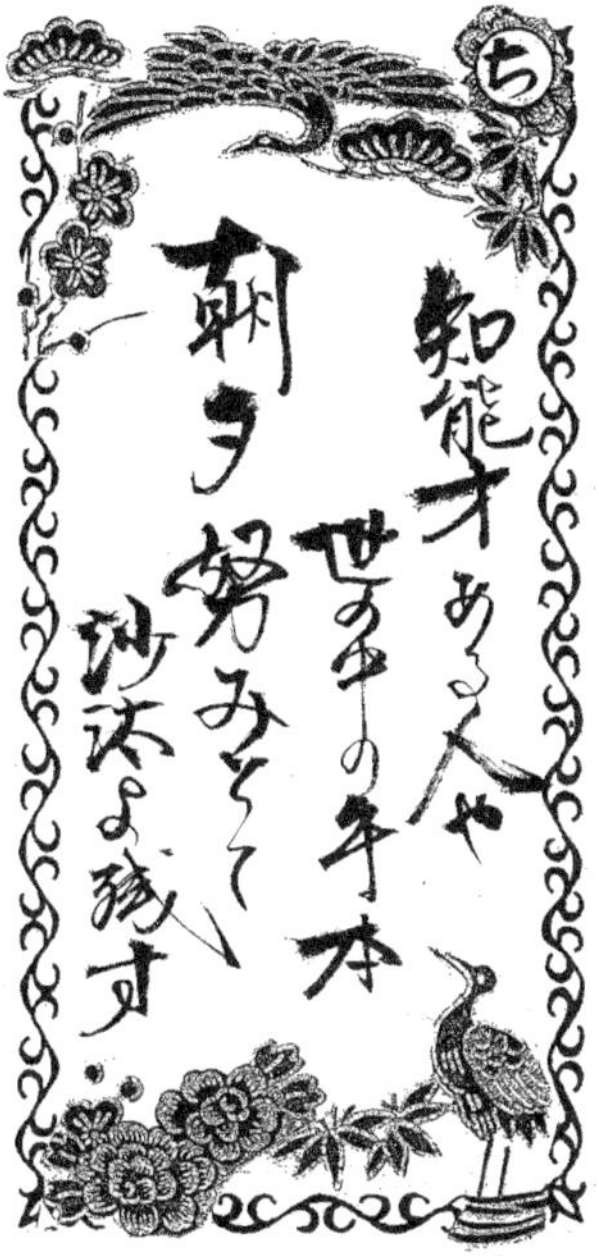

となれば、子どもの模範となるべき人はあらためて「襟を正す」必要がある。

場に応じた服装や言葉遣いは当然のこと、立ち居ふるまいに至るまで、子どもたちの手本になるように心がけ、努力することが大切である。

り

利根《リクン》偽《イチワリ》や《ヤ》　芥子《チシ》の《ヌ》花《ハナ》心《グクル》
風《カジ》や《ヤ》吹《フ》か《カ》な《ナ》ても《ティン》　落《ウ》てる《ティル》しじさ《シジサ》

〈歌のこころ〉

利口で口先ではうまく言いつくろっても、嘘をつくことは芥子《けし》の花のようなものだ。たとえ風は吹かなくても激しく散ってしまう運命にある。


〈解説〉

口先でうまく嘘を言いつくろっても、すぐにばれてしまう。それを繰り返していると、時に真実を語ったにしても誰にも信用されず、結局は自分の人格を落としてしまう結果につながるものである。

さて、人を教育する立場にあり、子らを正しく導くことを志す者は、風が吹かなくても散ってしまうような自分をつくり上げてはならない。むしろ、どんなに強い風が吹いても散らない、まいることのない自分をつくり上げねばならない。

そのためには、六諭の「毋作非為」（ひいをなすなかれ）のこころを大切にしながら、一時たりとも怠ることなく研鑽に励むことである。

り
利根隠や芥子の花心
風や吹かなても落てるしじさ

言うまでもなく、それは日々誠実な生き方に徹し、決して「こと」をごまかしてはならないということである。真正面から真実と向き合い、己の心を磨き上げることが大切なのである。

そうすることによって人としての道を全うし、己のより良い人生を創り上げる〈こころ〉が培われるものである。

ぬ

ぬが《ヌガ》苦さと《クリサトゥ》思て《ムティ》　油断どもするな《ユダンドゥンスルナ》
遍く《アマク》働きの《ハタラチヌ》　仇になゆみ《アダニナユミ》

〈歌のこころ〉

どうしてこんなにも苦しいのかと思って、怠け心を起こしてはならない。日々一生懸命働いておれば、それが無駄になるはずはないのだから。

〈解説〉

誠実で真面目に働いている人の人生に苦しさはつきものである。だからといって、事をごまかしたり、怠けたり、目の前の欲にとらわれて楽をしようと考えたりしては、つまらない人生を歩むことになる。

わき見をせず、自分のやるべき事を一生懸命にやり通すことが大切で、それがいつかは自分の人生を創造していくために、必ずや役に立つときがくるはずである。そして、我が子もその後ろ姿を見て着実な人生を歩むはずである。子どもたちに生きる喜びと希望を持たせるために懸命に取り組み、苦労をした者だけが過去の喜びを語り、未来の夢を語ることができる。

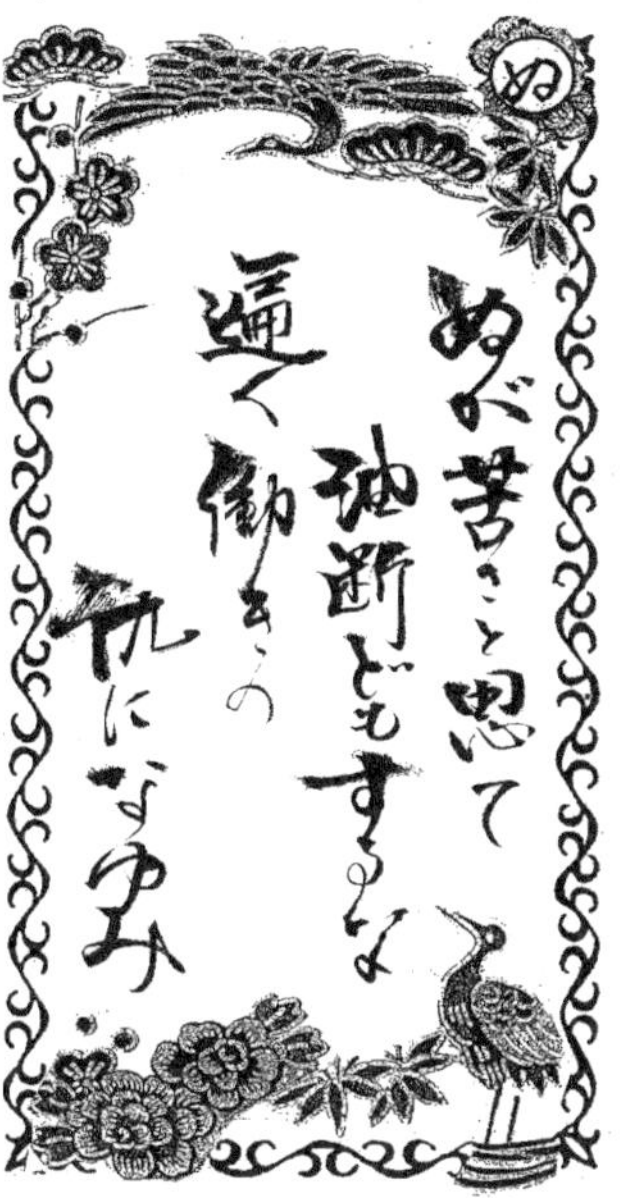

科学技術の急速な進歩や価値観の変化などによって、父母や教師らの役割もますます煩雑化する社会の中にあって、他に求められたことを敢えて拒まず、「忙しさを楽しむ」心境でさまざまなことに取り組み、一つ一つを成し遂げていきたいものである。

これは「六諭」の教え「各安生理」を実践する大切な「こころ」である。

る

る《ル》り《リ》の《ヌ》玉《タマ》と《トゥ》思《ム》て《ティ》　肝《チム》の《ヌ》持《ム》ち《チ》な《ナ》し《シ》や《ヤ》
傷《キジ》ち《チ》か《カ》ぬ《ン》間《エダ》の《ヌ》　寶《タカラ》さ《サ》ら《ラ》み《ミ》

〈歌のこころ〉

人間の心の在り方というものは、瑠璃の玉を取り扱うごとくに大切に考えなさい。瑠璃の玉は傷がつかないうちが宝なのだから。

〈解説〉

瑠璃の玉は傷が付くと宝石の値打ちが下がる。だから、だれでも傷が付かないように大事にし、また、取り扱いに細心の注意を払う。それと同じように、人の心も健全で素直な心が宝なんだから、その心を持ち続けるように心がけることが肝要である。

純真な子ども心が知恵がつくにつれ、次第に（部分的にではあるが）曇るようになる。自我の発達、欲望の増大、価値意識、それらが純真な心を少しずつ覆い隠してしまうからであろう。

そこで気を付けたいことは、老若男女を問わず人の心は傷つき易いということである。父母や教師のちょっとした言葉でやる気を失ったり、非行に走ってしまうことや、言葉のちょっとした行き違いで信頼関係を失うことなど、現代に生きる人間は以前にも増して傷つきやすくなっているように思えてならない。

小さな言動にも注意し「心の在り方を大切にする〈こころ〉」を持ちたいものである。

を

男《ヲウトゥクゥ》生《ウ》ま《マ》り《リ》ても《ティン》　女《ヲウナグゥ》生《ウ》ま《マ》り《リ》ても《ティン》
油断《ユダン》さ《サ》ぬ《ン》者《ムヌ》ど《ドゥ》　我《ワ》身《ミ》や《ヤ》持《ム》つる《チュル》

〈歌のこころ〉

男に生まれようとも女に生まれようとも、怠け心を起こさずに一生懸命働く者が、自分の身を保つことができるものである。


〈解説〉

やはり人間は努力してはじめて自分の身を保ち、良さを伸ばすことができるものであって、怠け者にそれができるはずはない。

不精者は自分の身を保つどころか、「自分の努力の足りなさ」を棚に上げて、やたらと他人を批判したり、働き者や「良くできる人」に怨みを持ったりもする。そして、あげくの果ては親譲りの財産まで食いつぶしてしまうということである。

また、持って生まれた能力も努力してはじめて磨かれ、光を出すものであって、努力なくしては何事もはじまらない。従って「油断さぬ者」になる努力と同時に、その観点からの子どもたちへの指導も大切なことである。

日々の学校生活や家庭生活において、「努力することの大切さ」を幼少の頃から、その年齢に応じてしっかり身に付けさせることである。

その営みを通して、努力することが良き人生を創造する「油断さぬ者」の心づくりの原動力になることや、自分の身を保つことができるようになることを教えなければならないのである。

あ

我身《ワミ》に《ニ》疵《キジ》あらば《アラバ》　我身《ワミ》の《ヌ》疵《キジ》なおし《ナオシ》
人《フィトゥ》の《ヌ》疵《キジ》誹《ス》して《シティ》　益《イチ》やねさみ《ヤネサミ》

〈歌のこころ〉

自分自身に欠点があるなら、まずは自分の欠点を直しなさい。他人の欠点を非難しても何の利益にもならない。

〈解説〉

「慶良間は見えるが、自分のまつげは見えない」（「キラマヤミールシガ　マチゲヤミーラン」）の例えの通り、人間は他人のちょっとした欠点や過ちにもすぐに気づくものであるが、自分自身のことになると、欠点や過ちがあることに気づかないし、なかなかそれを認めようともしない場合が多いものである。それどころか自分の欠点を棚に上げて、他人の欠点を誹《そし》る者もいる。

人間であるならば、欠点のない者がいるはずはないし、誰しもが大なり小なり欠けた面やその人なりのクセを持っているものである。

従って、自分自身も完ぺきな人間になろうとは思わないし、他にもそれを求めようとは思わない。けれども、「人の振り見て我が振り直せ」の言葉のように、他人の疵《きず》を誹るのではなく、それを教訓として自分を見つめ直し、自分の疵を正す努力がまずもって大切なことなのである。

わ
我身に疵あらば
我身の疵なおし
人の疵誹
益やねさみ

このような心構えをもって生きていくことは、己の良き人生を創造するために「不可欠なこころ」なのである。

か

隠《カク》ち《チ》隠《カク》さ《サ》り《リ》み《ミ》　人《フィトゥ》の《ヌ》過《アヤマ》ち《チ》ぬ《ヌ》
急《イス》じ《ジ》改《アラタ》み《ミ》て《ティ》　我《ワ》肝《チム》磨《ミガ》け《キ》

〈歌のこころ〉

人間の過ちは、どんなに隠そうとしても隠し通せるものではない。だから、急いで過ちを改めて、己の心を磨きなさい。

〈解説〉

聖人や賢人でない限り誰にでも過ちはある。問題はそれを隠そうとするのか、素直に非を改めて、二度と過ちを繰り返さないように努力するかである。

「人を欺くことは簡単であるが、天を欺くことはできない」というのは、六諭衍義の「毋作非為」（ひいをなすなかれ）の一節である。また、「天に口あり地に耳あり」と言われるように、誰も知らないはずの秘密や悪事でも、誰とはなしに聞き知って、いつの間にか広まってしまうものである。つまり、悪事はどんな小さなことでも隠し通せるものではなく、必ずバレるということである。

　天は人の行為をすべて見透かしているのだから、その善悪に対する報いに決して誤ることはない。善い行いをすることに心がけている人や、自分の過ちに気づきそれを正そうと努力している人には、必ずその報いがあり、悪事をはたらく者にはそれなりの裁きが下るはずである。

か
隠ち隠さりみ人の過ちぬ
急じ改みて我肝磨け

　従って、過ちを隠そうとすることよりも、自分の心を磨くことが肝要である。それは「母作非為」のこころ、そのものである。

よ

他所《ユス》の《ヌ》上《ウィ》の《ヌ》疵《キジ》も《ン》　他所《ユス》の《ヌ》疵《キジ》と《トゥ》思《ム》な《ナ》
我身《ワミ》の《ヌ》良《ユ》し《シ》悪《ア》しや《シャ》　定《サダ》め《ミ》ぐ《グ》り《リ》しや《シャ》

〈歌のこころ〉

他人の欠点を見て、その人特有の欠点と思ってはならない。自分自身の良し悪しも他人から見るとどうなのか、決めにくいものである。


〈解説〉

他人の欠点はどんな小さなものでもはっきりと見えるが、自分自身のこととなると、どんなに大きな欠点も見えないという。だから、他人の欠点を人ごとだと思うことなく、自分のこととして捉え、反省の材料としたいものである。

また、自分にとっては気になる他人のちょっとした仕草やイヤな気持ちを引き起こす行動も、本人は全く気にしていないことが多々あると思う。それと同じように、自分が何気なくやっている行動や言葉遣いが、他人にイヤな思いを与えていることもあるに違いない。

このようなことから、他人の言動を基に自分を省みることは、自分を高めていく上でも極めて重要なことと考えねばならない。

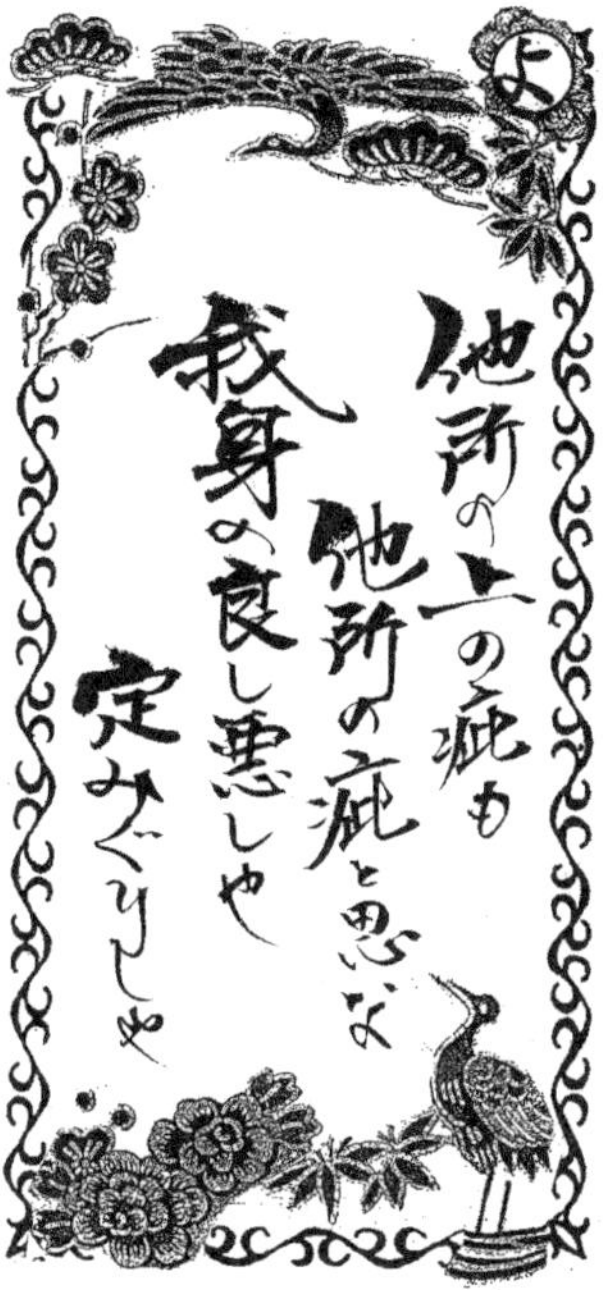

そして、自分の諸事象に対する見方・考え方や言動についても、独りよがりの満足感や評価観で判断することなく他人の意見を真摯に受け止め、客観的な視点に立って自分自身を見つめ直し、「我身の良し悪し」を吟味する心を持つことが大切である。

> 他所の上の疵も
> 他所の疵と思ゐな
> 我身の良し悪しや
> 定みぐりしや

た

誰も《タルン》 勤みりば《チトゥミリバ》 年寄ての楽よ《トゥシユティヌラクユ》
子孫寄言や《シスンユシグトゥヤ》 為どなゆる《タミドゥナユル》

〈歌のこころ〉

誰であろうと自分のやるべきことに一生懸命取り組んでいれば、年をとってから必ず楽になりますよ。その中でも子孫を教育することは特に大切なことで、絶対に為になります。

〈解説〉

六諭の教義の一つである「教訓子孫」の中で、子孫を教育することの重要性について説いていることは重々承知の上のことであるが、ここでもやはり子孫の教育は特に重要だと説いている。

日々、どんなに忙しくても父母・祖父母の大切な勤めは、子や孫の教育であることに違いはない。人として生きていくための基本的生活習慣を身につけ、より良く生きていくための「心づくり」もまた、親としての勤めなのである。

学校においては、教師が子弟教育の重責を担っているわけであるから、当然のことながら教育方法の研究によって、豊かな心の形成を目指したきめ細かな実践が要求されるのである。同時に、生きる力としての「基礎学力」をしっかり身につけさせることである。

父母・祖父母・教師すべての人々が自分の責務を認識し、その勤めをしっかり果たすこころが大切である。

れ

禮儀忘りりば《リイジワシリリバ》　闇の夜の小道《ヤミヌユヌクミチ》
我身どすくなゆる《ワミドゥスクナユル》　歩みぐりしゃ《アユミグリシャ》

〈歌のこころ〉

人間が礼儀を忘れてしまうと、闇の夜の小道を行くのと同じようなもので、我が身を損ね実に歩きにくいものである。

〈解説〉

人間が社会生活を営む上で最も大切にされ、重んじられなければならないは「礼儀」である。礼儀をわきまえない人は、闇の夜の小道が歩きにくいのと同じように、世の中を渡りにくくしてしまうものである。沖縄の場合は「横社会だ」とよく言われる。つまり、上下の主従関係よりも、横の和を重視した社会であるということである。だから、職場の上司や先輩・後輩を問わず誰とでも親しく交わることが普通で、ごく気軽に声を掛け合う。

今日の《キユヌ》喜びは《フクラシャヤ》　何にも例えようがない《ムヌニタトゥララン》
上下ん《カミシムン》揃て《スルティ》　遊ぶ嬉しや《アシブウリシャ》

この「めでたい節」の一節は、現代の沖縄社会を端的に表している。

しかし、「親しき中にも礼儀あり」の言葉や、六諭の「尊敬長上」のこころの理解によって、礼儀を重んずることの大切さを知り、自分の人格を損なわないように重々留意することである。

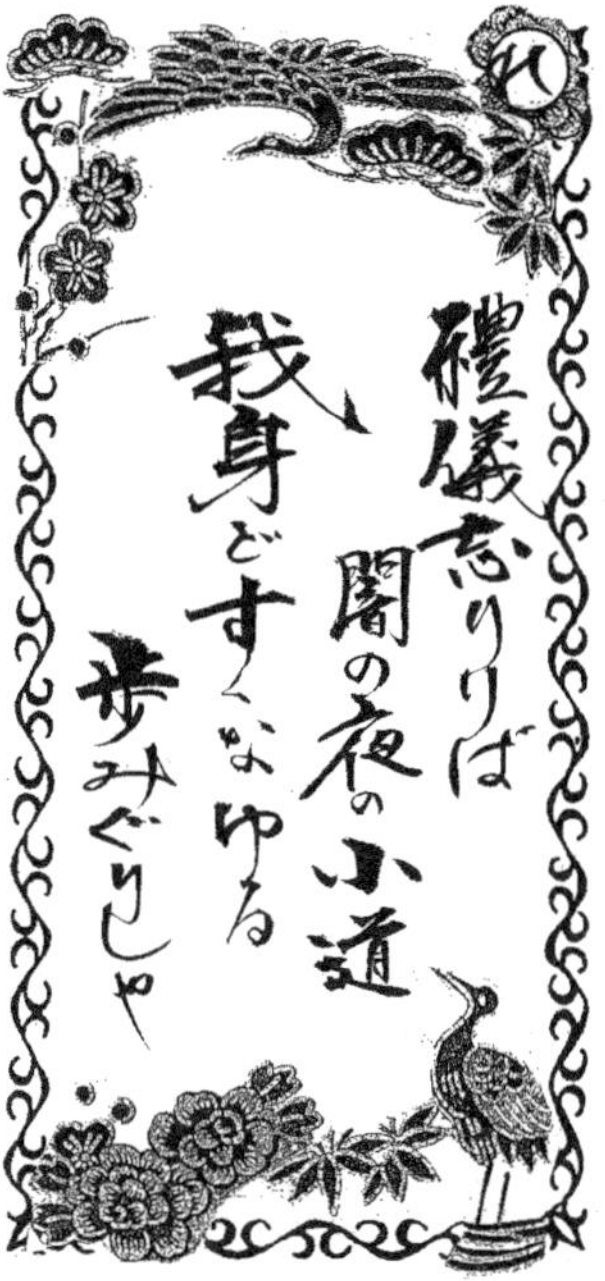
れ
禮儀忘りりば
闇の夜の小道
我身どすくなゆる
歩みぐりしゃ

「守禮の邦」の良き伝統を継承するためにも。

そ

誹《スシ》ら《ラ》わ《ワ》も《ン》構《カム》な《ナ》　誉《フミ》ら《ラ》わ《ワ》ん《ン》構《カム》な《ナ》
我《ワ》肝《チム》思《ウ》み《ミ》詰《チ》み《ミ》り《リ》　朝《アサ》も《ン》夕《ユ》さ《サ》も《ン》

〈歌のこころ〉

他人に誹《そし》られようとも、誉められようとも気にとめることはない。とにかく人間にとって大切なことは、朝に夕に自分の心を磨くことである。

〈解説〉

人間というものは、結構無責任な一面をもっていて、他人のことに関しては何とでも言いたい放題言う。だから、そんな無責任な言葉に惑わされる必要などないのである。

誹りを受けたからとて落ち込むことはないし、誉められたからといって威張ることもなく、自分の生き方に信念と責任を持ち、己の歩むべき道をしっかりと見据え着実に歩むことである。

そのためには、朝にも夕にも、つまり、片時も時間を無駄にすることなく、努力し続けることである。努力を怠らず心を磨いておれば、社会の無責任な風評など全く気にすることなどないわけである。

また、人生という生きた人間のドラマは、「誹り誉らり」の人間模様を織りなしながら時間を重ねていくものであることも忘れてはならない。

いついかなる場合でも人間としての道を究めつつ、誠実な生き方をすることによって慶びの人生を全うしたいものである。

そ
誹らわも構な
誉らわん構な
我肝思み詰みり
朝も夕さも

つ

常に思み詰みり《チニニウミチミリ》　人の習わしや《フィトゥヌナラワシャ》
童しの肝ど《ワラビシヌチムドゥ》　地福さらみ《ジフクサラミ》

〈歌のこころ〉

常に心得ておきなさい、人格の形成というものを。人の基本的生活習慣や人間性というものは、幼児期の心づくりが基盤になっているのです。

〈解説〉

三歳児《みつご》の躾《しつけ》、つまり幼児期の教育がその人の人間性を築く土台になることの意味から、「三つ子の魂百まで」という諺があるが、この琉歌は真にその諺と同じ意味を持つものである。

幼少の頃は何も分からないのが当然であり、どうした方がよいのか迷い戸惑うのが当たり前でもある。だからこそ指導が必要であり、善導するための躾が必要なのである。目の前にいる子どもたちが、幼少の頃に身に付いているべき基本的な習慣が不十分であるならば、「今からでも遅くはない」という気持ちで躾をし直さなければならない。そこに教育という活動が存在するわけである。

親も教師もそれらのことを十分に理解した上で、純真な子どもの心を大切に育てる活動をすることが肝要である。

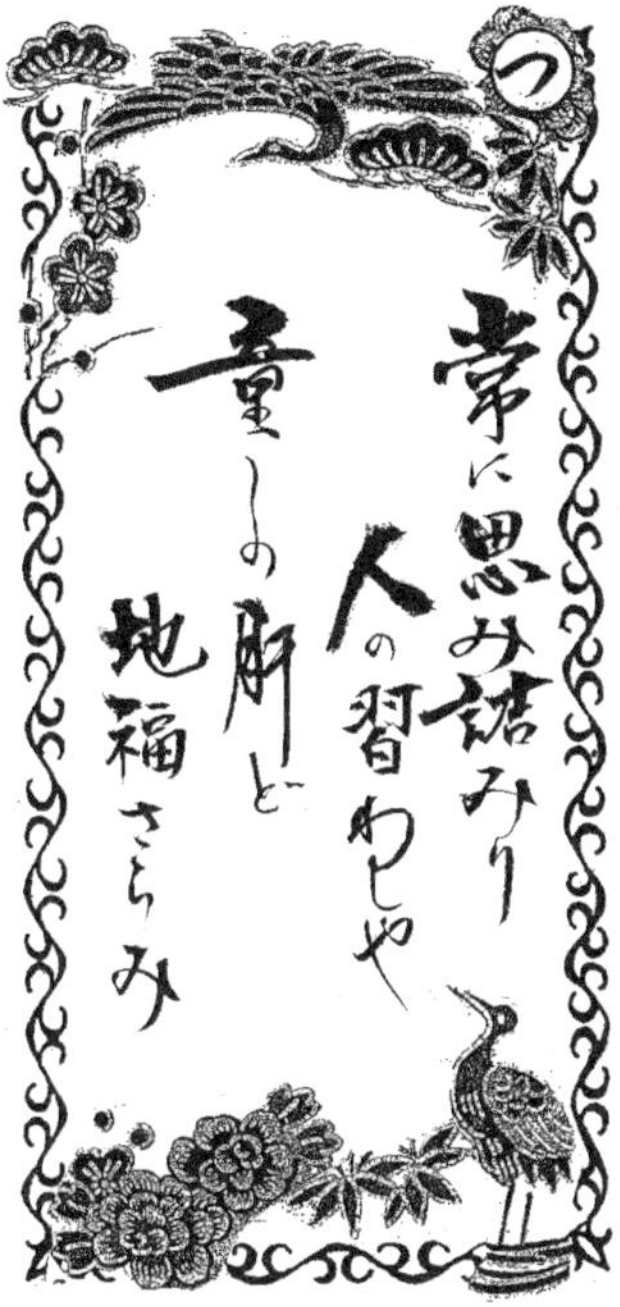

子どもの生き甲斐は、そのことを土台にして創られていくことを忘れてはならないし、六諭衍義の「教訓子孫」と共通する教えとして大切にしたい〈こころ〉である。

　つ
　常に思み諸み
　　人の習わしや
　童への肝と
　　地福さらみ

ね

妬《ニタ》さ《サ》腹《ハラ》立《ダ》ち《チ》や《ヤ》　怪我《キガ》の《ヌ》本《ムトゥ》で《デ》む《ム》ぬ《ヌ》
義理《ジリ》よ《ユ》思《ウ》み《ミ》詰《チ》み《ミ》て《ティ》　我《ワ》肝《チム》締《シ》み《ミ》り《リ》

〈歌のこころ〉

妬んだり腹を立てたりすることは、怪我（失敗や過ち）のもとになるものである。この道理をよくよくわきまえて、怪我のもとをつくらないように自分の心を引き締めなさい。


〈解説〉

他人を妬み怨み心を持ったからとて、自分が得をするはずはないし、相手の言動に腹を立てたからとて、自分に幸せが訪れるものでもない。

妬みや怒りは、結局は自分が損をするだけである。「腹が立つときは十まで数えて、自分の心を冷静にしてから次の言動に移りなさい」と言われるのはそのためである。

長い人生の中で、このような場面に直面することが多々ある。人間であれば喜怒哀楽の中で妬みや腹立ちがあるのは当然でもある。

けれども問題は、その次に発する言葉であり、行動である。冷静に言葉を選べるか、行動を制御することができるかどうかによって、その人の人格が形成され、表出される。

ね
妬さ腹立ちや
怪我の本でむぬ
義理よ思み詰みて
我肝締みり

冷静な判断や行動は総ての人間に求められる「心の持ち方」であるが、子どもをより良く育てたいと思う人であればなおのこと重要なことである。義理をわきまえて自分の心を引き締め、冷静な心を保つことが肝要である。

それは、すべての人が和睦するための原点である。

な

生わらびやても《ナマワラビヤティン》　白髪かみとても《シラガカミトゥティン》
重さ運たさや《ウムサウンタサヤ》　肝どやゆる《チムドゥヤユル》

〈歌のこころ〉

幼少の子であろうと老人であろうと、重く大切にされなければならないのは、心の持ち方である。


〈解説〉

いくら学問や芸の道に勝れているとはいっても、ただそれだけでは他人に重んぜられたり、尊敬されたりすることはない。他人が尊敬するのは学問や芸の素晴らしさと同時に、その人の温厚な人柄や人間性の素晴らしさ、つまり、心の在り方である。

材があっても才があっても威張る必要もないし、相手に知らせる必要もない。また、分かるからとて自慢することも全くないのである。大切なことは、他人の立場を理解し、他人の心を重んずる心遣いである。

程順則も若い頃は勉学に身を投じながら、琉球と中国とを往き来しつつ激しく動き回ったはずである。その間にも学びの心を片時も忘れることなく、歳を重ねるとともに儒学の道を究め、「儒教の理」を修めるにつれ「明鏡止水」の心境に近づき、温厚な人柄が形成されてきたような気がする。

多くを語らず、相手の話に耳を傾け、時にはにこやかな表情で相づちを打つ。

そんな誠実な生き方が「名護聖人」と呼ばれる所以《ゆえん》だと思えてならない。

ら

楽《ラク》に《ニ》育《スダ》つ《ツ》し《シ》や《ヤ》　苦《ク》り《リ》さ《サ》す《ス》る《ル》 基《ムトゥイ》
物《ム》よ《ヌ》思《ユウ》み《ミ》詰《チ》み《ミ》て《ティ》　浮世《ウチユ》渡《ワタ》り《リ》

〈歌のこころ〉

物事をただ楽にしようとだけ考えて育っていると、結局は将来苦労をする基になるものである。そのことをよくわきまえて世の中を生きて行きなさい。

〈解説〉

「楽は苦の種、苦は楽の種」と言われるように、若いときは一時たりとも苦労を惜しまず働き将来に備えなければ、老いてから苦労をする羽目になる。そのことをよく考えて日々努力することが大切である。それがいわゆる「若いときには買ってでも苦労をしなさい」

と言われる所以《ゆえん》である。

確かに若かりし頃の懐かしい思い出、心温まる想いをたぐり寄せようとするとき、その総てが難儀苦労したことや失敗して悔やんだことばかりである。

それがその人の人生だとするならば、人間の育ちは若い頃にどれだけ苦労を重ねたかによって、その生き方や人生観がそれぞれ違ってくるのである。

今の苦労が「将来の自分をつくるんだ」と思えば、精も出るしジンブンも湧いてくる。また、「自分の確固たる将来を築くために努力する」と考えれば、難儀苦労もいとわず頑張れる。

これは、六諭衍義の「各安生理」のこころと共通するものであり、大切にしたい「こころ」である。

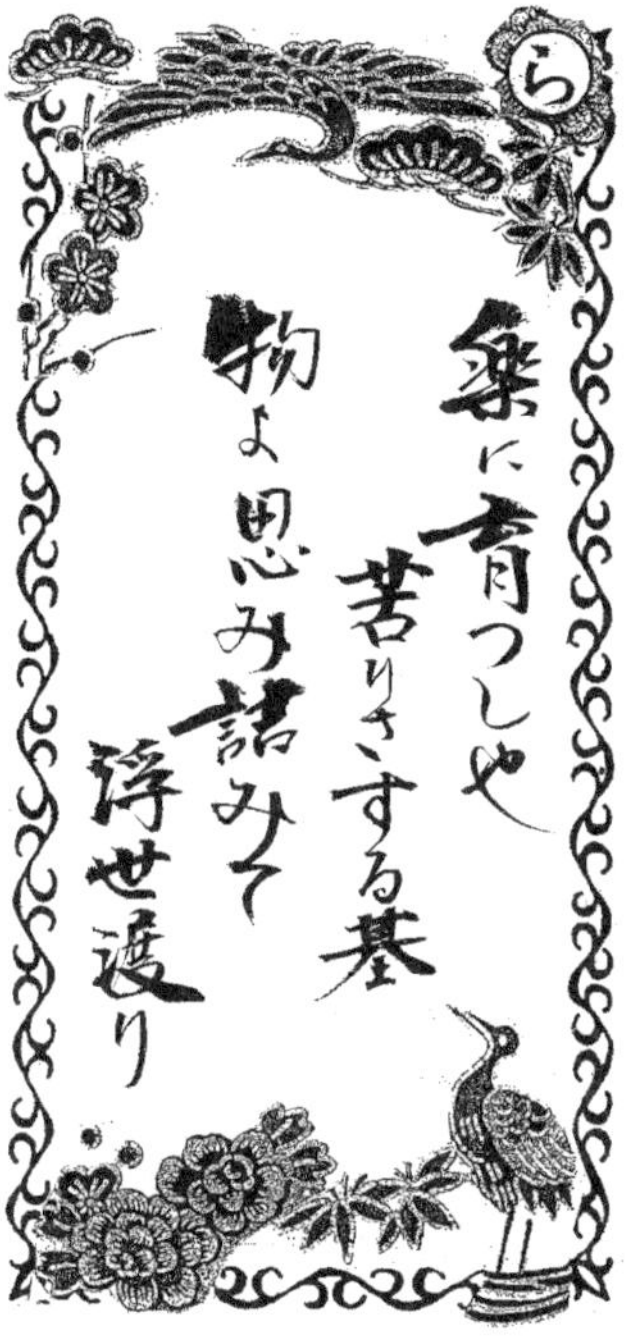
ら
楽に育つしや
苦りさする基
物よ思み詰みて
浮世渡り

む

胸《ンニ》に《ニ》ある《アル》鏡《カガミ》　朝夕《アサユ》思い《ウミ》詰みり《チミリ》
塵《チリ》積むて《チムティ》からや《カラヤ》　磨き《ミガチ》ぐりしゃ《グリシャ》

〈歌のこころ〉

胸にある鏡（真心―良心）をいつも磨きなさい。塵（悪）が積もってからでは鏡も磨きにくいものである。

〈解説〉

どんな小さな塵でも積もれば山となる。また、小さな事を何度も繰り返している間に、それがすっかり心に染まってしまう。そうなってからでは磨くのに苦労をする。人が曇りのない清らかな心を保つためには、毎日毎日の言葉遣いや行動を反省する（心を磨く）ことが大切である。

特に人を教育する立場にある父母や教師は、自分の生活態度を日々反省しながら自分の心を磨き、それを元手として子どもたちの心を磨かねばならない。

「子どもの心を磨く」ということは、親や教師の本来の仕事である。従って、どんな小さなことでも「悪いこと」を見逃さず、毅然とした態度でそれを取り払って上げることである。同時に、心の中の悪を取り払う方法や手順も優しく教えてあげねばならない。

　　胸にある鏡　朝夕思み詰みり
　　塵積もてからや　磨きぐりしや

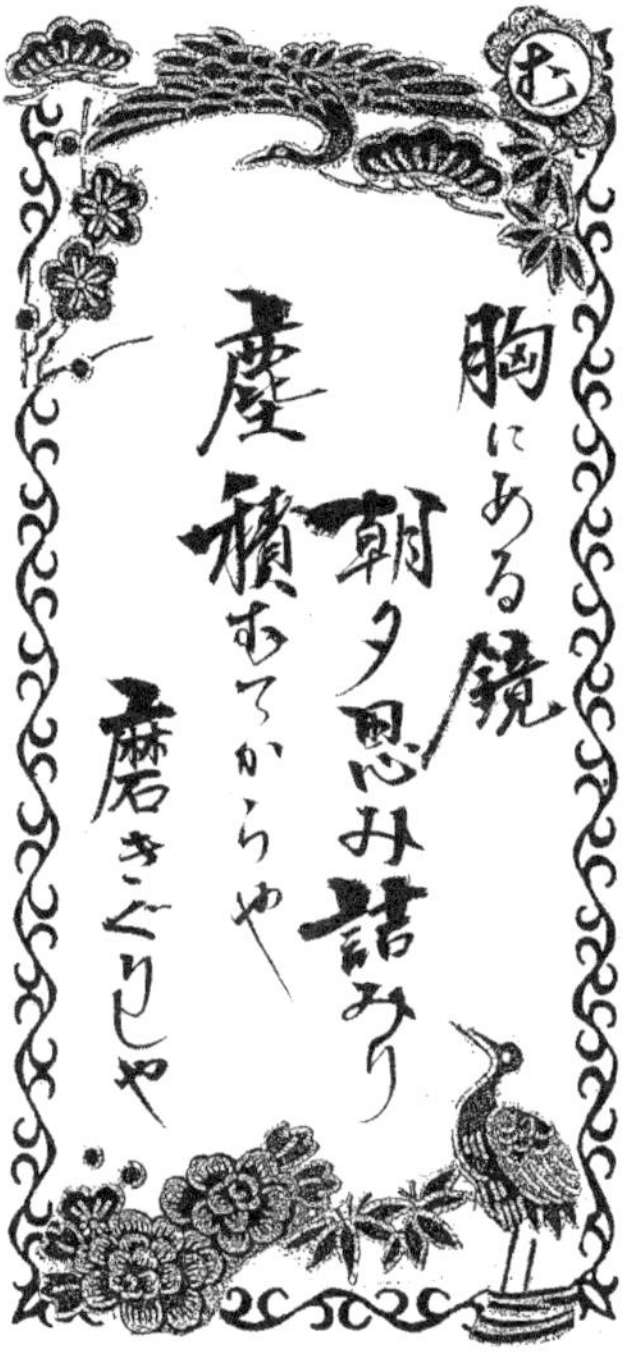

「塵が積もる」ということは、「悪が習慣化する」ことである。どんなことでも習慣化すると修正することは難しく、六諭の「教訓子孫」や「毋作非為」のところで、共に良い習慣を身に付けたいものである。

う

惜しで惜しまりみ《ウシディウシマリミ》 玉の緒の命《タマヌヲゥヌイヌチ》
若さ頼がきて《ワカサタルガキティ》 すそうに持ちゅな《スソニムチュナ》

〈歌のこころ〉

惜しんでも惜しまれないのは、たった一つしかない命である。だから、若さを頼みにして命を粗末にしてはならない。

〈解説〉

人間の活動は全て命あってのものであり、それを粗末にしてはどうしようもない。「二つとない命、二度と来ない青春時代を無駄なく大切に生きなさい」という、若さを頼みに命がけの冒険をする若者たちへの警告である。現代社会においても若者の暴走行為を戒める言葉として頻繁に利用される歌である。

思えば自分の青春時代もかなり暴走した時代であったように思われる。親や兄弟の忠告もそこそこに、ただひたすら自分の我欲に向かって突っ走る。やり始めたら徹底的にとことんまでやらないと気が済まない性分も手伝って、一日が二十四時間では足りないことも度々あった。そのために、自分の命を相当縮めてしまったような気がする。

子どもを教育するということは、やってもやってもきりがない、やればやるほどに課題が増えていく「終わりのない仕事」なのである。

だからこそ、無茶や無理をせず、健康に最大の注意を払いながら頑張り続けたいものである。

ゐ

ゐ《イ》の《ヌ》春《ハル》に《ニ》な《ナ》ても《ティン》　人《フイトゥ》の《ヌ》花《ハナ》咲《サ》き《チ》ゅみ《ュミ》
年《トウシ》ど《ドゥ》寄《ユ》て《ティ》行《イ》き《チ》ゅ《ュ》る《ル》　油断《ユダン》する《スル》な《ナ》

〈歌のこころ〉

毎年同じように春になったからといって人に花が咲くはずはない。年を取るばかりである。だから、平々凡々に時を過ごしてはならない。

〈解説〉

四季が巡り、春が来れば野山の木々は自然に花を付け、新芽を吹き出すようになる。しかし、人の場合は何もせずして自然に花が咲くはずはないし、新しい物を創造することもできない。やはり、努力によって花を咲かせ、新しきを創造する（成功に導く）以外にないのである。
努力もせずにボヤボヤしていると、花も咲かないままに年を取るばかりである。「光陰矢の如し」と言われるように、時が経つのは速いものである。一年という歳月は、たくさんの日数があるように思うけれども、アッという間に過ぎてしまうものである。次の春が来るときまでにどのような努力をし、どんな花を咲かせるのか。それは、一人一人の目標の持ち方と、ひたむきに努力する心の在り方によるものであり、油断は許されない。

花も咲かない春を迎え、ただ歳を重ねるよりは、頑張って、頑張って一人一人が自分の花を咲かせ、「心安らぐ春」を迎えたいものである。

ゐ
ゐの春になても
人の花咲きゅみ
年ど寄て行きゅる
油断するな

の

能羽《ヌファ》の《ヌ》ある《アル》者《ムヌ》の《ヌ》　肝足《チムタ》らぬ《ラン》者《ムヌ》や《ヤ》
花《ハナ》や《ヤ》咲《サ》き《キ》出《ジ》ら《ラ》ぬ《ヌ》　枯木《カリキ》心《グクル》

〈歌のこころ〉

いかに能羽（芸能や才能）に優れてはいても、心の修養が足りない者は、花を咲かせることもできない、枯れ木と同じような心である。

〈解説〉

優れた芸能に磨かれた心が加わってはじめて、鑑賞する人に感動を与えることができるものであって、心がこもっていなければ魂の抜けた単なる芸になり、鑑賞するに値しない。優れた芸能を身に付けておきながら、人間性に疑問があるために信頼を失っている人の例はいくらでもある。だからこそ、芸を磨くと同時に、いや、「芸を磨く前に心を磨け」と言われる所以《ゆえん》である。

人生においても同じことで、仁徳の足りない人は他人からの信頼を得ることはできないし、己の人生に花を咲かすこともできない。どんなに知識が豊富で、どんなに優れた指導技術や能力を持っていても、心の修養の不足によって人間性の豊かさが欠如していては、ただ一つの目標すら達成できない。

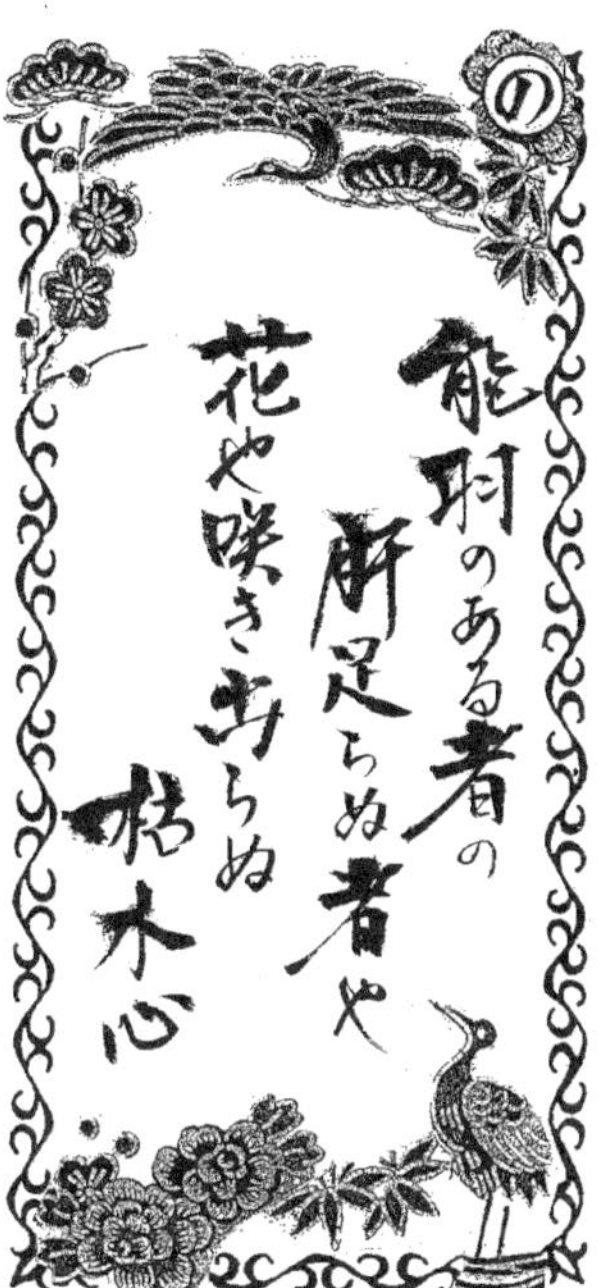
の
能羽のある者の
肝足らぬ者や
花や咲き出らぬ
枯木心

「門下生（子ども）を育てる」という重責にある師匠（先生）にあってはなおのこと、「枯木心」であってはならない。

豊かな心を大切にすることを肝に命じつつ、日々、己の心を磨く努力をしたいものである。

お

鈍さ《ウドゥサ》賢さや《ハシチャサヤ》　生まれつきだもの《ウマリチチデムヌ》
油断より外に《ユダンユイフカニ》　科やねさみ《トゥガヤネサミ》

〈歌のこころ〉

人間の賢愚は生まれつきのもので、もって生まれた素性（才能や血筋）である。だから、努力をしない怠け心以外はその人に罪はない。

〈解説〉

人は皆同じ才能や能力を持って生まれてくるものではなく、人それぞれにさまざまな特徴を持って生まれる。だから、物事の善し悪しの違いがあっても、その人が一生懸命頑張り努力を重ねた結果の違いであるならば、その人をとがめることはできない。

とがめられるのは、それなりの能力を持ち、それが社会的に認められていながら努力もしないで怠ることである。

　その中でも特に「未来を担う子どもを育てる」才能が認められ、その重責を任されている者であればなおのこと、油断することは許されるものではない。常に子どもの期待と社会的信頼に応えるべく、誠実に生きることを第一義としながら、怠ることなく努力を積み重ねていくことが肝要である。

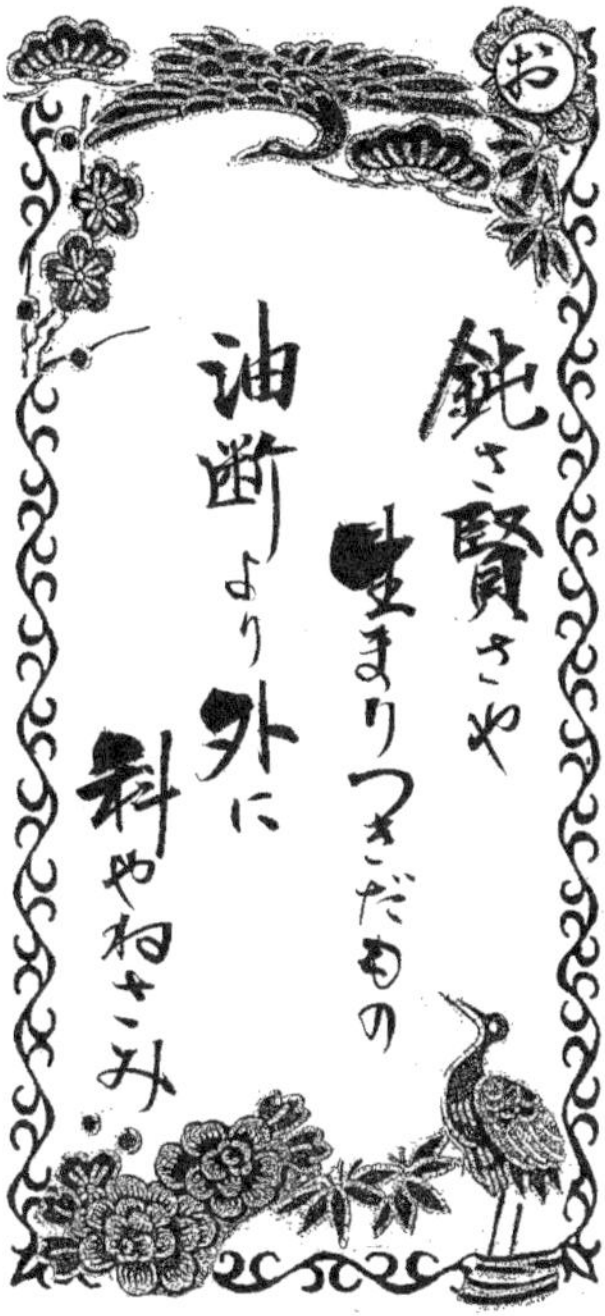

　どんなに優れた能力を持って生まれても、努力によってそれを磨かねば、その能力も決して生きて働くことはないのである。

　そのことをしかと肝に命じ、努力によって賢さをさらに磨きつつ着実に生きていきたいものである。

く

雲《クム》や《ヤ》風《カジ》頼《タユ》て《ティ》　天《ティン》の《ヌ》果《ハ》て《ティ》行《イ》つい《チュイ》
人《フィトゥ》や《ヤ》肝《チム》し《シ》ちど《チドゥ》　浮世《ウチユ》渡る《ワタル》

〈歌のこころ〉

雲は風の力を頼りに天の果てまでも行く。しかし、人は心を頼りにして人生の道を歩み続けるものである。

〈解説〉

この世をより良く生きていくために、ある人は「金さえあればどんなことでもできる」かの如くに、金に執着し、それに頼ろうとする。

またある人は、自分の手腕や才能を見せびらかし、他人より優位に立とうとする。しかし、人間にとって最も大切なものは心であり、その持ち方である。心がゆがみ、ねじれていては、いくら金や才能があっても立派に世の中を渡っていくことはできない。

金を頼りに集まった仲間は、金と共に散っていく。優れた腕前を持つ師匠の元に集まった人々は、その腕を修得して去っていく。しかし、誠心誠意、真心に魅せられて集まった人々は、自然体の心の奥深さに触れ、益々引き寄せられていく。そして、心の絆は以前にも増して深まっていく。

く
雲や風頼て
天の果て行つい
人や肝しちど
浮世渡る

「情ねん浮世渡いぐりしゃ」と言われるように、心の通わない人間関係・社会にあっては、楽しく生きていけるはずはない。

やはり「六諭のこころ」を基にした「心の教育」が先決であると思えてならない。

や

や《ヤ》し《シ》ゃ《ャ》る《ル》者《ムヌ》と《トゥ》思《ム》て《ティ》　人《フィトゥ》よ《ユ》欺《アザム》く《ク》な《ナ》
明日《アチャ》や《ヤ》身《ミ》の《ヌ》上も《ウィン》　定《サダ》め《ミ》ぐ《グ》り《リ》しゃ《シャ》

〈歌のこころ〉

やしゃる者（貧乏人）だと思って人を馬鹿にしてはならない。明日の自分の身の上もどうなるか分からないのだから。

〈解説〉

人の世の浮き沈み（貧富の波）に定めはなく、金持ちがいつまでも金持ちであり続けるとは限らない。人を侮る高慢な態度のために他人からの信頼を失ったり、また、一つの事業の失敗が引き金となって、貧乏のどん底に落とし込まれたりする例も、この世の常である。だから、貧乏人だといって嘲るようなことをしてはならない。学問の道においても、学習の足りなさや研究の不足を笑ったり、小馬鹿にするようなことをしてはならない。「人の運命は神のみぞ知る」わけであるから、今できない、分からないからといって嘲ることはできない。

金銭的にやしゃる者も学問的にやしゃる者も、皆将来は大成することを信じ、その糸口が見つけられるように手助けすることが教育ではないかと思えてならない。

やしゃる者と思て　人よ嘲くな
明日や身の上り　定みぐりしゃ

「何をすればよいか」が分かれば人はいくらでも伸びるのであるから、それを分からせて上げるのが親や教師であり諸先輩方である。

「あてぃん喜ぶな失なてぃん泣ちゅな　人の善し悪しや後どう知ゆる」と共通するところである。

ま

勝る《マサル》ちゃさ《チャサ》と《トゥ》思て《ムティ》　人《ヒトゥ》誹ら《スシラ》故か《ユイカ》
人《ヒトゥ》劣り《ウトゥリ》なたる《ナタル》　我肝《ワチム》責みり《シミリ》

〈歌のこころ〉

勝りたいと思って他人の欠点をとらえ、それを誹《そし》るようなことをしてはならない。それよりも、その人より劣るようになった自分の心を責めなさい。

〈解説〉

人に勝りたいばっかりに他人の欠点を探し、それを誹るようなことをしていては、自分の人格が疑われる結果を招くばかりである。それよりはむしろ、自分の心を見つめ直し、その人よりも劣る結果を招いた原因や努力の足りなさを追求し、反省することが肝要である。

仁徳のある人はやたらと他人を誹ったり、むやみに他人の悪口を言ったりせず、また、原因を他に求めず、己の心を磨くことを第一義とするものである。

子どもの世界、大人の世界を問わず、他人の誹りや批判は、日常の当たり前の会話の如く非常に多い。失敗の原因も自分の力のなさや努力の足りなさを棚に上げて、他に求めるのが普通である。

「人劣りなたる」原因を自分の内に求め、それを基にして努力することが己を成長させる原動力である。

他人を誹っていては決して成長しない。そのことを子どもたちにもしっかり教えてあげたいものである。

け

怪我《キガ》の《ヌ》 源《ミナムトゥ》や《ヤ》 酒《サキ》と《トゥ》色好《イルグヌ》み《ミ》
朝夕《アサユ》思《ウ》み《ミ》染《ス》み《ミ》り《リ》 按司《アジ》も《ン》下司《ゲシ》も《ン》

〈歌のこころ〉

酒と色好みは人生における失敗の源である。上に立つ人も下で仕える人もそのことをしっかりと心に留め置きなさい。

〈解説〉

現代社会においても酒による失敗は多い。酒の好きな人で、「酒に飲まれても失敗したことはない」という人は不思議なくらいである。ほとんどの人が失敗の経験をもっているはずである。そして、何遍も失敗を繰り返してはじめて反省の途につき「ほどほどにしなければ」と気づくようになる。

昭和四〇年代頃までは、酒を飲んでの少々の失敗も「若いからな」で笑って許されたことでも、現代社会では決して許されるものではない。許されるどころか厳しく罰される。そのために、前途有望な若者や社会的地位のある者が身を持ち崩し、人生の脱落者となる例も多々ある。世の人々の意識が変わり、社会規範に対する目が厳しくなったことを意味する。

け
怪我の源や
酒と色好み
朝夕思み染みり
按司も下司も

だからこそ、なおのこと酒の飲み方や酒座での言動には注意を払わねばならないし、色好みも自分の人生を台無しにする結果を招くことから、重々心することが肝要である。

ふ

佛《フトゥキ》神《カミ》でんし《デンシ》　肝《チム》の《ヌ》上《ウィ》の《ヌ》捌ち《サバチ》
誠《マクトゥ》ゆい《ユイ》外に《フカニ》　神《カミ》やねさみ《ヤネサミ》

〈歌のこころ〉

佛《ほとけ》や神であってさえも心の奥深くまで十分に捌き通せるものではない。だから、その人自身が物事に誠心誠意尽くす誠実心以外に神はいない。


〈解説〉

神や仏とはいっても、本当の神はその人本人の誠の心である。従って、人間はいつでも心を清らかに持ち、正直な生き方をすることが大切である。誠実に生きていれば必ずや神の加護があり、世の人々からも尊敬されるようになる。

これは六諭の「毋作非為」の「神は善に幸いし悪に禍いするのであって、真心をもって正しいことをしておれば、神仏は祈らずとも守ってくれるものである。……いかに神道仏法と言えども、自分の非をやめずして神仏の教えに適うことなどあろうはずはない。……真心から善い行いをしておれば、天に祈らなくても幸せは必ず訪れる」という教えと共通する。

自分で悪いと思いながら、ついつい我欲に流されてしまう。その結果神に助けを求める。そんな浅ましい人が近年急速に増えたような気がする。

ふ
佛神でんし
肝の上の捌ち
誠ゆい外に
神やねさみ

今こそ「六諭のこころ」と「琉球いろは歌のこころ」をもって、「人間にとって誠実に生きることがいかに大切なことであるか」を教えてあげねばならない。

こ

黄金さちをても《クガニサチヲウティン》　銀さちをても《ナンジャサチヲウティン》
肝の持ちなしど《チムヌムチナシドゥ》　飾りさらみ《カザイサラミ》

〈歌のこころ〉

黄金のかんざしを挿していても、銀のかんざしを挿していても、それがその人の飾りとはならない。人の心の持ち方こそがその人を輝かせるのだ。

〈解説〉

男子も髪を結っていた時代は、カミサシというかんざしを挿していた。国王は竜頭金製。王子王族は金の竜の浮彫したもの。三司官はいちご形の金製。一般の親方《ウエーカタ》は金花銀柱。親雲上《ペーチン》より下の士は水仙花の銀製。平民は真鍮の水仙花、という風であった。女のかんざしはジーファーといったが、その種類はすべて夫の身分に準じた。

かんざしは身分を明らかにするのが目的であったが、後には身の飾りのようにして威張る者がいた。この歌はそのような社会風潮を風刺したものである。

つまり、どんなかんざしを挿していても、心の持ち方が大切であり、それがその人を輝かせるんだということである。

言い換えれば、服や飾りなどの身に付けている物がその人を輝かせ、評価を高くするのではなく、それは「心なんだ」ということである。いかにも心の持ち方を第一義として大切にする程順則らしい風刺の仕方である。

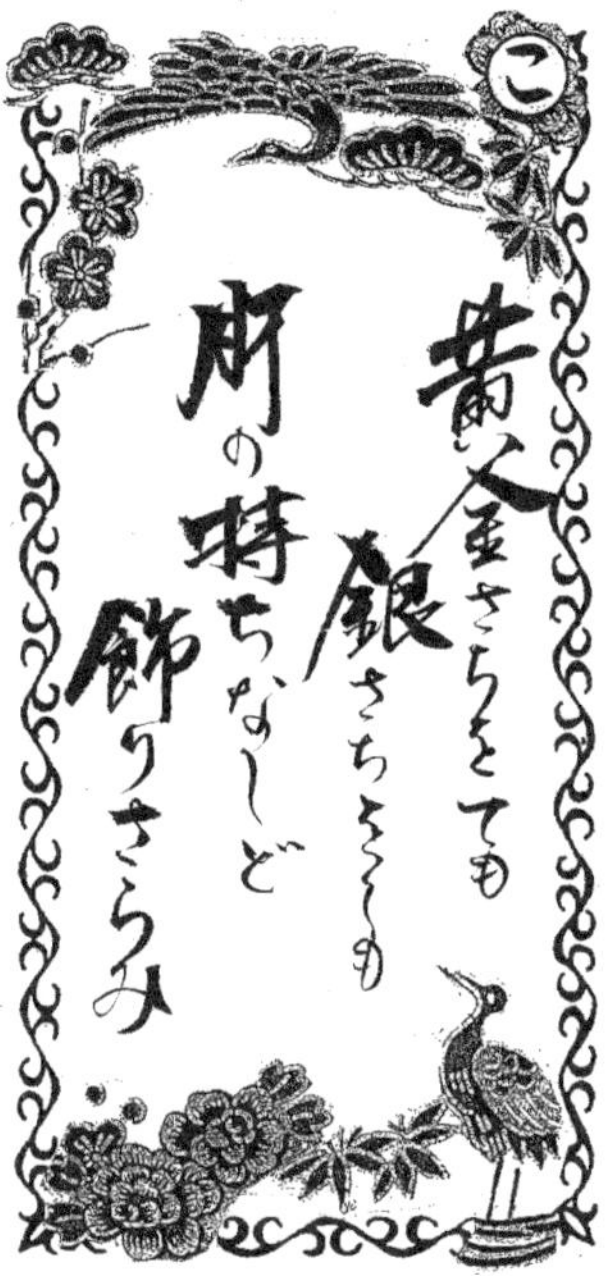

え

得《エ》手《テ》の《ヌ》物《ムヌ》と《トゥ》思《ム》て《ティ》　自慢《ジマン》ども《ドゥン》する《スル》な《ナ》
人《フィトゥ》の《ヌ》あ《ア》ざ《ザ》笑《ワレ》や《ヤ》　毒《ドゥク》ど《ドゥ》な《ナ》ゆ《ユ》る《ル》

〈歌のこころ〉

これは自分の得意なものだといって自慢などしてはならない。人のあざけり笑いは、身の毒になるだけである。


〈解説〉

いかに自分が得意だからと思っていても、それをいつも自慢ばかりしていると、いつかは人に嘲笑され軽蔑される結果を招くことになる。だから、人間は自慢をしたり自惚《うぬぼ》れたりすることは厳に慎まなければならない。

　程順則が一七一四年に江戸慶賀使として与那城王子や金武王子に随行し、江戸に上国（江戸上り）した際に、新井白石《あらいはくせき》や荻生徂徠《おぎゅうそらい》らと会見する。夜を徹して教育について論じ合ったという。その時、徂徠は自分の得意とする〈程朱学〉についてさかんにまくし立てた。程順則は、あえて口をはさむことなく、黙って話を聞いていた。そして、別れる時に「君は定めし聖人ならん、議論遙かに程朱の上にあるから」というと、徂徠も流石に答えることができなかったという。

え
得手の物と思て
自慢どもするな
人のあざ笑や
毒どなゆる

　人間は自分の得意とする物（事）について自慢をしたがるものであるが、その時は他人からの嘲笑を受けることや、自分の人格が損なわれることを覚悟せねばならない。そして、何事にも上には上があることを知るべきである。

て

手墨《ティシミ》勝《スグ》りても《リティン》　知能才《チヌザ》勝《スグ》りても《リティン》
肝《チム》ど《ドゥ》肝《チム》さらめ《サラミ》　世界《シケ》の《ヌ》習れや《ナレヤ》

〈歌のこころ〉

どんなに学問が勝れていても、いかに知能や才能がまさっていても、まずもって大切なことは心である。これが人の世の習わしなのだから。

〈解説〉

学問を身に付けることや知能・才能ももちろん大切であるが、それにも増して大切なことは心である。世の中をより良く生きていくためには、我欲のみにとらわれず、いつでも相手の立場に立って物事を考える心の持ち方がどうしても必要である。

人間が争いごとを引き起こす根本には、自分のことしか考えられない、自分を中心に相手を考える心がはたらいている。自分が望むことは相手も望んでいるのではないかという心遣い、または、相手の立場から自分を見る心が欠落するからである。

どんなに学問を積んでいても、どんなに勝れた知識を持っていても、自分のわがままを抑え、相手の心や立場を理解しようとするやさしい心がなければ、他から受け入れられ信頼が得られるはずはないのである。

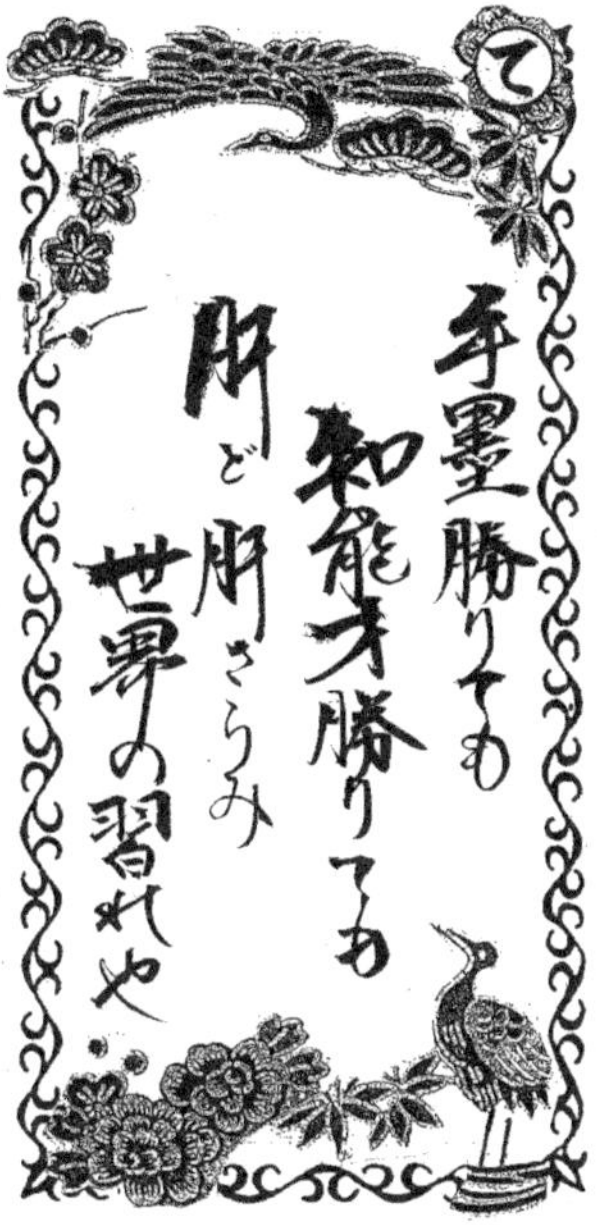
て
手墨勝りても
知能才勝りても
肝ど肝さらみ
世界の習れや

程順則が人間の心の持ち方を第一義としていた心が「肝ど肝さらみ」の言葉に込められている。

あ

遊び戯りの《アシビタワムリヌ》　肝に染でからや《チムニスディカラヤ》
意見寄言も《イチンユシグトゥン》　益や無さみ《イチャネサミ》

〈歌のこころ〉

遊び戯《たわむ》れごとに夢中になり、面白おかしく暮らす習慣が心に染みついてからは、周りの人からの意見や教訓も何の益にもならない。


〈解説〉

人間は交際する友人や共に遊ぶ仲間によって、物事の善し悪しにかかわらず感化されるものである。「朱に交われば赤くなる」の諺にもあるように、幼少の頃からのしつけや教育を大切にしなければならないのと同時に、当然のことながら友人関係もまた重視しなければならない。

子どもの発達過程の中で親よりも友人を大切にする時期があり、親と過ごす時間よりも友人と過ごす時間が長く、友人の影響を大きく受けることがある。だからこそ親は、我が子の友人のことを知る必要もあるし、時には親しく話し合うことも必要である。

また、親の意見や教訓が何の効果もなくなってしまっては、もはや子の教育は成立しない。そうならないためにも、いいかげんな生活習慣や戯れが身に付いてしまわないように、善悪の判断や正義感、過ちを認める勇気や素直さ等の心を育てなければならない。

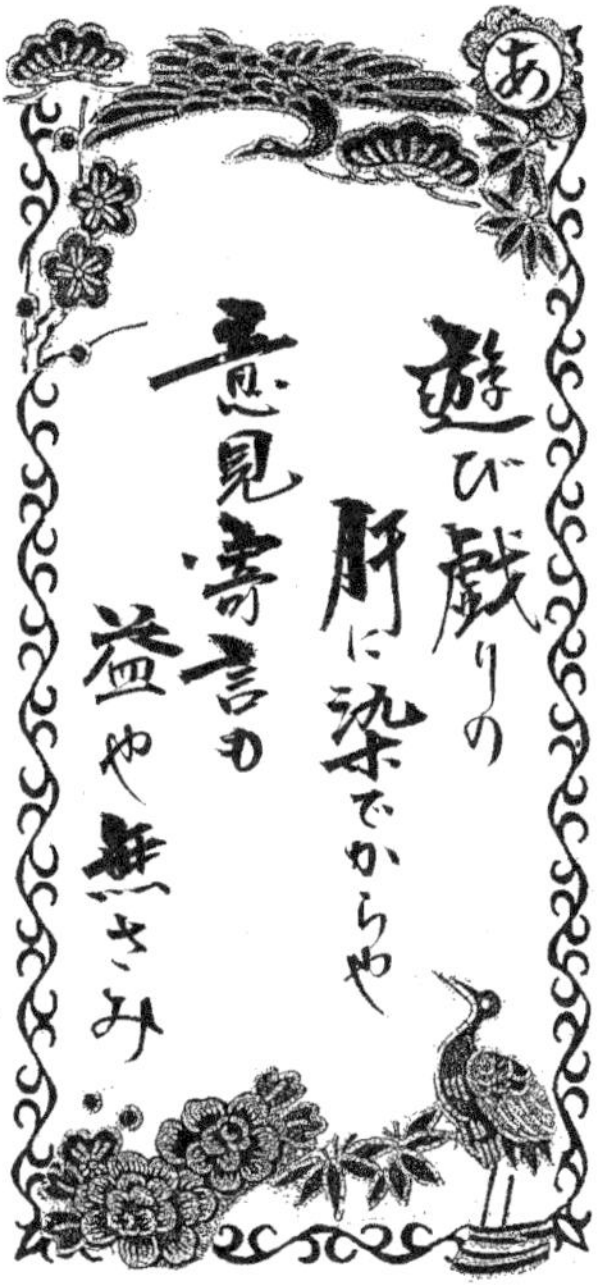
あ
遊び戯りの
肝に染でからや
意見寄言も
益や無さみ

家庭環境の在り方に配慮すると共に、友人関係においても常にプラス志向に働くように導くことが肝要である。

さ

栄え《サケー》 衰《ウトゥル》えや《イヤ》　夏と冬《ナチトゥフユ》 心《ククル》
繰り返し返し《クリケーシゲーシ》　逃れぐりしゃ《ヌガリグリシャ》

〈歌のこころ〉

栄えたり衰えたりすることは、年ごとに夏と冬が巡ってくるのと同じようなもので、その繰り返し返しからは決して逃れることはできないものである。

〈解説〉

人の世の盛衰は、季節が止まることなく変化し続けるのと同じようなものである。「おごる平氏は久しからずや」の言葉でも分かるとおり、栄華の夢は決して長続きするものではないことを知るべきである。

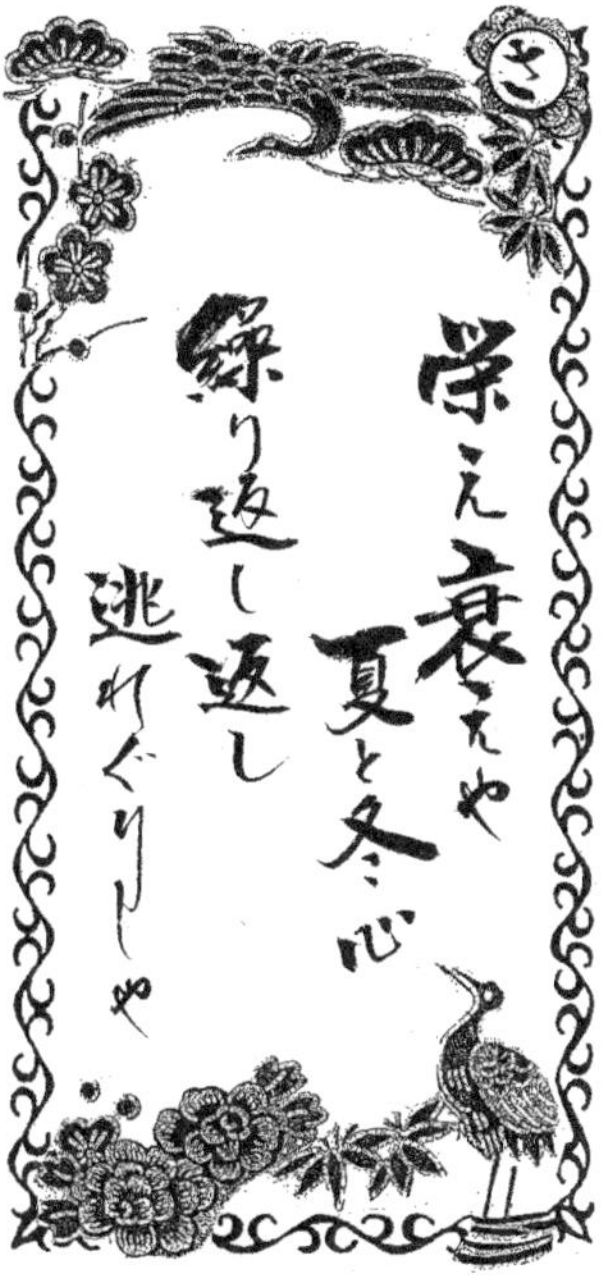
さ
栄え衰えや
夏と冬心
繰り返し返し
逃れぐりしゃ

戦後の日本経済を支えてきた企業の衰退や倒産、「自己破産申告者」の増加傾向等が続いている中で、栄えの勢いが何時までも続くものと錯覚してはならないし、収支の甘さに落とし穴があることを知らなければならない。必ず冬の時が来ることを知っている人は、その時のために備えを忘れないはずである。

それらのことから、次第に上りつめて頂点を極めると、後に待っているのは下降であることを知り、また、仮にどん底に沈んでも、そこから先に見えているのは上り道であると心得たいものである。

だから、頂点に立ってもおごることなく、不遇のどん底に沈んでも決して落胆する必要はない。いつの場合でも真摯に事をとらえ、あせらず、騒がず、力を蓄えて時を待つことである。

き

肝《チム》の《ヌ》根《ニ》の《ヌ》責縄《シミナ》　そさうにしちからや《スソニシチカラヤ》
手墨学問《ティシミガクムン》も　仇《アダ》どなゆる《ドゥナユル》

〈歌のこころ〉

人間が心を引き締める縄を粗末にしてしまうと、どんなに学問を積んだとしても、それは結局何の役にも立たず仇となるだけである。

〈解説〉

人間の身勝手さや欲望を規制するのは自制心であり、即ち心の責縄である。それをしっかり持ち、引き締めておかないと、どんなに学問を究め修めようともかえってそれが仇となり、人としての道を踏み外してしまう結果を招くばかりである。

真境名本流琉球舞道場の由康師匠は、「踊るということは心をつくることである。どんなに上手に踊っても心が鍛えられていなければ、魂の抜けたただの踊りでしかない。そうなれば鑑賞にも値しない」と言って、門下生に心づくりを強調し続けたという。

学問も芸能も、そのものを極めるに伴って、心も同時に鍛え上げることが大切である。

また、「人間は稲穂の如くあれ」と昔から言われるように、実が入れば入るほど頭を低く垂れる、つまり、学問や芸の道を深く積めば積むほど謙虚な心を持ち、おごり高ぶらないように心も鍛えることが大切なのである。

き

肝の根の青縄
そさうにしちから
千墨学問も
仇どなゆる

その心を忘れてしまっては、身につけた芸も学問も仇になるだけである。

ゆ

欲悪《ユクアク》の《ヌ》事《クトゥ》や《ヤ》　塵程《チリフドゥン》も《ム》持つ《チュ》な《ナ》
塵積《チリチ》む《ム》て《ティ》か《カ》ら《ラ》や《ヤ》　山《ヤマ》ど《ドゥ》な《な》ゆ《ゆ》る《る》

〈歌のこころ〉

物を欲しがる邪悪な思い（醜い心）は塵《ちり》ほども持ってはならない。少しだけと思っている間に、山になってしまうのだから。

〈解説〉

塵ほどのわずかな欲悪（出来心）であっても、それが積もり積もって山のようになってしまっては、もはや手の付けようがなくなってしまう。また、小さな欲悪を繰り返している間に、悪いことの感覚が無くなってしまい、徐々に事が大きく膨らんでいってしまう。

つまり、〈少しなら〉という小さな心の隙が大事に至る結果を招くのである。

このようなことが現代の人間社会の中で何と多いことか。国民の代表者としての国会議員による政治献金のごまかしや「自己破産」への道を歩み始めるきっかけとなる「カードの使い過ぎ」も〈少しなら〉の安易な心の積み重ねによるものである。ちょっとした物を欲しがる欲悪な心が自分の身を滅ぼす結果を招いているのである。

どんな小さなことでも、少しのことであっても大事にし、醜い心は微塵《みじん》も持たない心構えが人の生きる道であり、程順則のこころでもある。

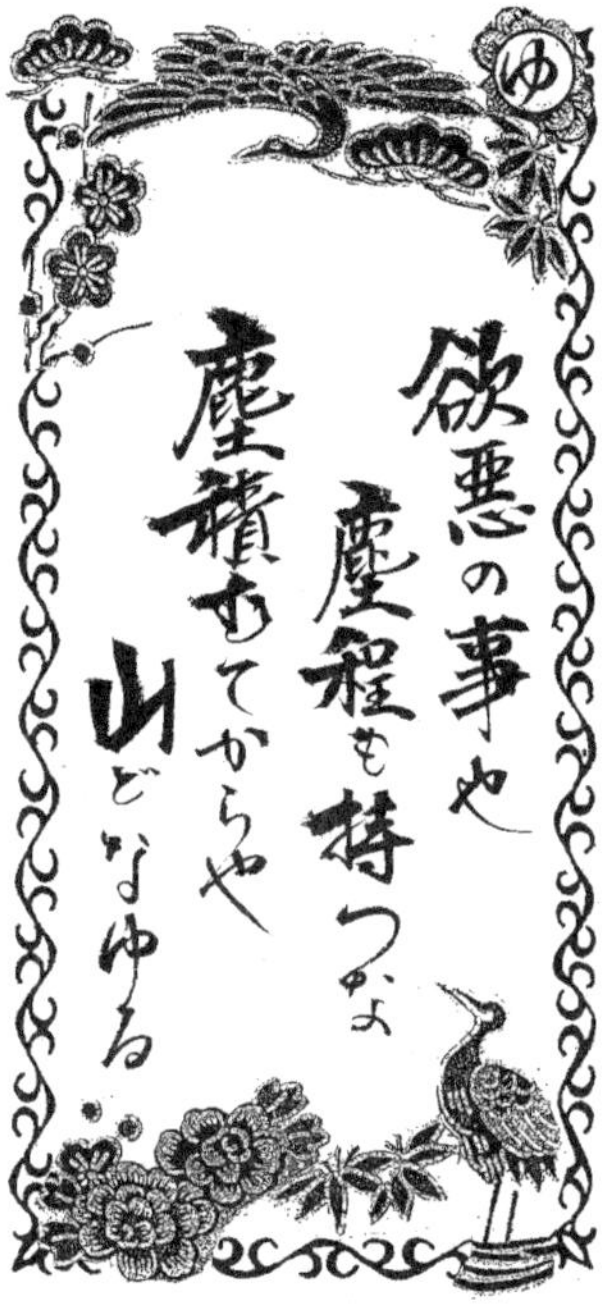
ゆ
欲悪の事や
塵程も持つな
塵積むてからや
山どなゆる

め

珍らさる《ミジラサル》物と《ムヌトゥ》　肝に《チムニ》逆するな《ジャクスルナ》
逆や《ジャクヤ》人間の《ニンジンヌ》　怪我の《キガヌ》　基《ムトゥイ》

〈歌のこころ〉

珍しい物（事）だと好奇心に駆られ、自分の良心に逆らうようなことをしてはならない。良心をとがめるようなことをすると過ちを招く基になる。

〈解説〉

どんなに珍しく欲しい物であっても、それに心を惹《ひ》かれ、良心に逆らうような事をしでかすと、それが基になって思わぬ怪我をする事になる。だから、一時的な感情に負けてはならないということである。

今、人間社会がピンチに立たされているのは、ここで言う「良心」を喪失しているからではないか。幼児・児童虐待、児童買春、食品の生産地の偽造や悪徳政治家が暗躍すること等の大人社会の心の乱れから、いじめ、暴力、暴走、不良異性行為等の青少年の心の乱れに至るまで、憂慮される事柄が現代社会を覆い尽くしている。

そのまま「良心の喪失」が続き、怪我をする（過ちを犯す）人が増え続ける時、日本の将来が危ぶまれる。今こそ多くの人々にこの歌を教えてあげねばならない。

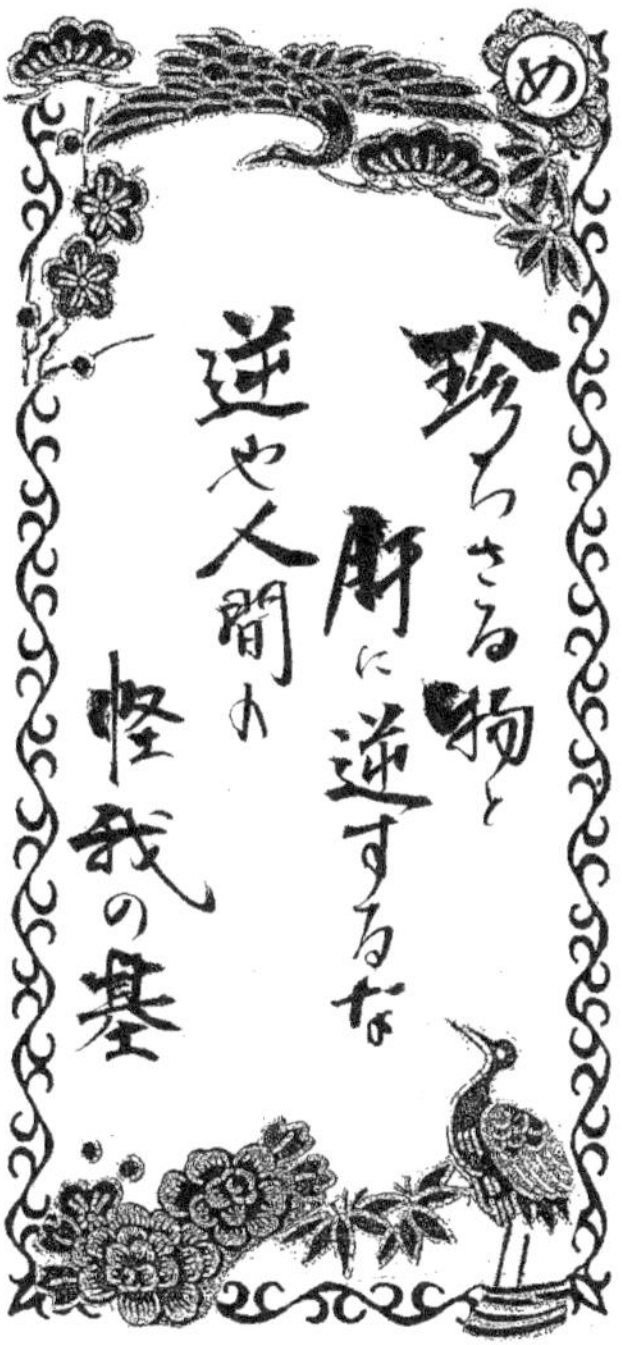

そして、その〈こころ〉の理解によって、人間本来の良心を取り戻し、少しでも社会を浄化することができれば幸いであると思えてならない。

み

見馴れ聞き馴れや《ミナリチチナリヤ》　覚らじに染ん《ウビラジニスムン》
そさうに有る《スソニアル》　人の《フィトゥヌ》　側に居るな《スバニヲゥルナ》

〈歌のこころ〉

見たり聞いたりを繰り返していると無意識の中に染まってしまうものである。だから、物事をおろそかに扱うような人の側に居てはならない。

〈解説〉

人の成長が生まれ育った環境に大きく左右されることは、すでに周知の通りである。自然環境や社会環境は言うまでもなく、家族や友人などの人的な環境にも大きく影響される。物事の善悪にかかわらず「ミーナリ、チチナリ（見たり聞いたり）で自然に身に付く」ことは、日々の生活習慣上において多々あることである。

また、「朱に交われば赤くなる」ということや「水は方円の器にしたがい、人は善悪の友に依る」と言われることからも分かる通り、我が子の健やかな成長を望むならば、健全な環境と善良な友を求めねばならない。

孟子の母が環境から受ける我が子への影響を恐れて三度住居を変える。学校の隣に住居を移したときにやっと落ち着くようになった。これは、周りからの感化を受けやすい幼少の頃の生活環境には、特に配慮が必要であることの例話である。

み
見馴れ聞き馴れや
覚らじに染ん
そさうに有る人の
側に居るな

それに加えて、いつもの遊び仲間から感化されることも大きいことから、我が子の友を知ることは親の重大な責務である。

し

子孫寄言や《シスンユシグトゥヤ》　油断どもするな《ユダンドゥンスルナ》
命ちながする《イヌチチナガスル》　営と思れ《イトゥナトゥムリ》

〈歌のこころ〉

子や孫の教育は一時たりとも怠ってはならない。それは、自分の家系を子々孫々にまでつないでいくための親の当然の営み（仕事）だと思いなさい。

〈解説〉

このこころは、六諭の「教訓子孫」の教えそのものである。それは、人間は生まれながらにして優れているというのは稀《まれ》である。従って、幼少の頃からの教育によって良い習慣を身に付け、優れた人間に育っていくものである。「人間は教育されることによってのみ人間になれる」と言われるように、人が人間としてより良く生きていくために、教育は不可欠の要素であることは言を待たない。

幼少の頃からきちんとした教育をせず、伸び伸びという名の下で自由気ままに育てていると、わがまま勝手な人間となり、しまいには家系を滅ぼしてしまう結果にもなる。家系を存続させ、さらに発展させていくためには、まずもって教育が大切であり、乳幼児からの年齢に応じたしつけをきちんとせねばならない。それが親としての当然の営みであり責任なのである。

我が子の教育を怠っていては、真の親にはなれないことを重々肝に命じておきたいものである。

し

子孫寄言や
油断どんするな
命ちながする
営と思れ

ゑ

絵書き字書きや《イカチジカチャ》　筆先の飾り《フディサチヌカザイ》
肝の上の真玉《チムヌウィヌマダマ》　朝夕磨け《アサユミガキ》

〈歌のこころ〉

絵や字を上手に書けるとは言っても、それは単に筆先の飾りである。本当の人間の飾りは真心であるから、朝夕心を磨きなさい。

〈解説〉

人間の心は表情や言動に表れ、それによって、手に取るようにその人の心が見えてくるものである。だからこそ、いつでも正しく物事を判断し、誠実に生きるための心の修養が肝要である。

絵画や書道であっても心が込められていなければ、単なる筆先の飾りとなってしまい、鑑賞の価値さえもなくなってしまう。

だから、いついかなる場合であっても、どんなに小さなことであっても、真心をもって成し遂げる努力が必要であることは言うまでもない。

このような心の修養をもって築き上げた地位や名誉であるならば、良き人格者として万人から認められ、親しまれるようになる。芸能においても学問においても、そして、芸術に親しむことにおいても共通することは、まずもって心を磨くことである。

ゑ
絵書き字書きや
筆先の飾り
肝の上の真玉
朝夕磨け

つまり、人間のあらゆる活動の根源は心であり、何を成すにも心の持ち方を追求し、その鍛錬に励むことが肝要だということである。

ひ

人《フィトゥ》や《ヤ》物事《ムヌグトゥ》に《ニ》　我身勝《ワンマサ》い《イ》と《トゥ》思《ム》て《ティ》
自慢《ジマン》する《スル》者《ムヌ》や《ヤ》　馬鹿《バカ》ど《ドゥ》なゆる《ナユル》

〈歌のこころ〉

人間は何事においても他人より自分が勝《まさ》っているかのごとくに自慢してはならない。自慢というのは馬鹿のすることで、愚か者になるだけである。

〈解説〉

自己主張、自己宣伝がときには必要とされ、「目立ちたがり屋」が容認される現代社会ではあるが、何かにつけて自慢ばかりしている人は、その人格が疑われ他からの信頼を失ってしまう結果となる。

人間は何事を成すにも「上には上がある」ことを知らねばならないし、「他人は自分より一枚上」という謙虚な心を持つことが大切である。名人や専門家であればなおのこと、六諭の「尊敬長上」の〈こころ〉の理解によって、自分の技能や才能を自慢することなく、他から学ぶ心を磨き上げることが肝要である。

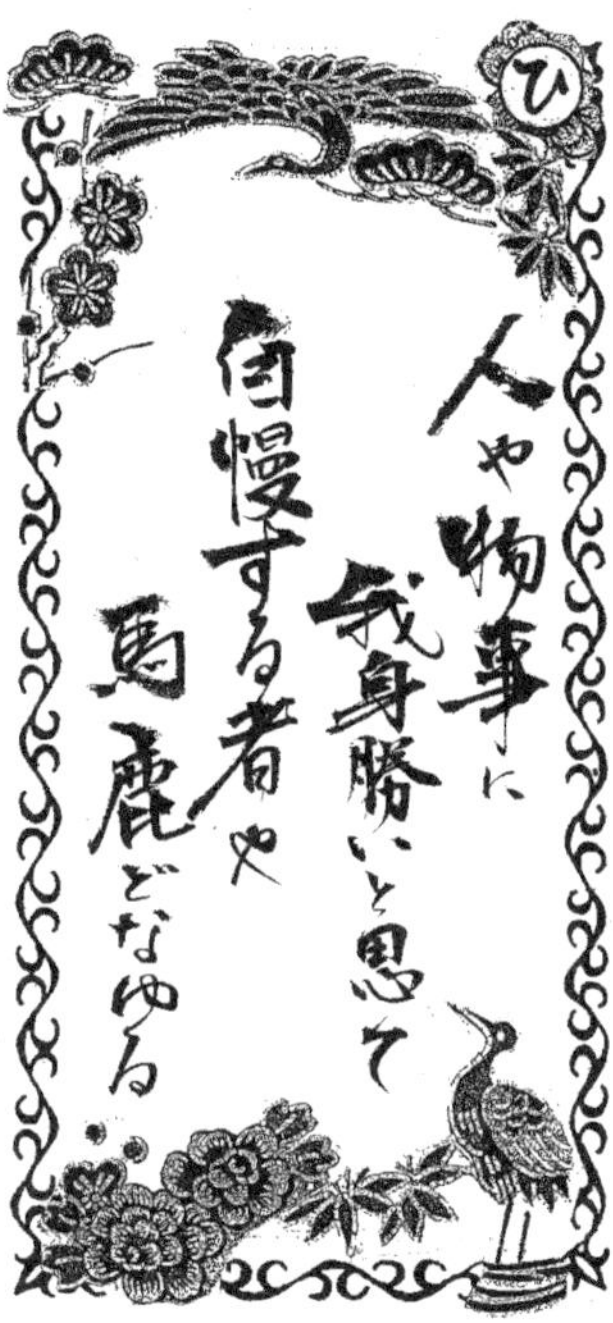
ひ
人や物事に
我身勝いと思て
自慢する者や
馬鹿どなゆる

愚の第一は自分を利口者と思い込むこと、第二はその事を公言することだと言われる。しかし、身の回りにそのような人が何と多いことか。職業に関わる技術や技能、教育に関する専門の分野、文化的活動に関わる芸術や芸能の分野等々、人間の活動には自慢話がつきもののようであるが、愚か者にならないために諭した偉大なる先人の言葉に触れ、自分を正す事は意義深いことである。

も

無理《ムリ》の《ヌ》銭金《ジンガニ》や《ヤ》　仇《アダ》ど《ドゥ》な《ナ》て《ティ》行《イ》つる《チュル》
義理《ジリ》よ《ユ》思《ウ》み《ミ》詰《チ》み《ミ》て《ティ》　無理《ムリ》に《ニ》する《スル》な《ナ》

〈歌のこころ〉

能力の限界を超え、無理に得た金というのは仇になっていくだけである。物事をよくわきまえ、道理に合わない金銭のやりとりは無理をしてはならない。

〈解説〉

「世の中は金次第」とか「金さえあればどんなことでもできる」とか「金の力にものを言わせる」などと、金にまつわる言葉はいくらでもあり、まるで人間社会が金に支配されているかのような錯覚さえ起こすほどである。確かに金は、ないよりかは有った方がいいのかも知れない。けれども、無理に得た金には代償がつきもので、それがかえって仇になることさえもある。

　人間は金ばかりが全てではなく、もっと大切なことは真心であることを知らねばならない。金が腐るほど有っても、夫婦・親子・兄弟の間にいたわり合う心が途絶え、真心の行き交いがなければ、殺伐たる人生になること然りである。また、物は金で買えても人間の真心は決して金で買えないことも重々承知しておくことが肝要である。

も
無理の銭金や
仇どなて行つる
義理よ思み詰みて
無理にするな

　権力でもって無理に金を得たり、人の真心を買おうとしたりするときの代償は極めて大きいことを知るべきである。

　無理の銭金ではなく、真心の銭金で心豊かな有意義な人生にしたいものである。

せ

世間立つ波に《シキンタツナミニ》　渡る身の船や《ワタルミヌフニャ》
肝ど舵でむぬ《チムドゥカジデムヌ》　そさぅに持つな《スソニムチュナ》

〈歌のこころ〉

世間という広い人間社会の荒波を乗り切って行くのはただごとではない。そのためには心の持ち方が舵《かじ》になるのだから、心を粗末にしてはならない。

〈解説〉

船の命は舵である。それを粗末にしては荒波を乗り越えることはできないし、目的地に着くことさえもできない。

それと同じように、心の手綱をしっかり引き締めていなければ、人生の荒波を乗り越えていくことはできないし、ただ一つの目標さえも達成することができない。実につまらない人生を送ることになる。

一人前の人間として自立し、社会の一員として生きていく中でさまざまな困難にぶつかる。人間は生きた環境や体験の違い、物事に対する見方・考え方や価値観の違いなどによって「十人十色」「百人百様」と言われるように、皆同じではない。従って、自分の思うとおりに事が運ばないのは当然のことである。

　世間立つ波に
　　渡る身の船や
　肝ど舵でむぬ
　　さうに持つな

そのときこそ真心を以て困難を克服する努力が必要なのである。その積み重ねによって己のより良い人生が構築されていくのである。

その時のために、日々の生活の中で心の持ち方を大切にし、心を鍛えることを忘れてはならない。

す

勝り不勝りや《スグリブスグリャ》　肝からどやゆる《チムカラドゥヤユル》
念の入る者に《ニンヌイルムヌニ》　下手やねさみ《フィタヤネサミ》

〈歌のこころ〉

何事においても上手・下手というのは、その人の心がけ次第である。物事に集中し心を打ち込んで事を成す者に、下手はいないはずである。

〈解説〉

「念には念を入れよ」という諺もあるように、人間は何事を成すのにも念を入れる（心を込める）ことが大切であり、事の優劣（勝《すぐ》り不勝《ぶすぐ》り）は、一心不乱にその事に取り組んだかどうかによって決まるものである。

物事に心を打ち込んでいる人の姿は、美しく輝いている。その結果はどうであれ、誠心誠意頑張ったことを高く評価せねばならない。それが努力する原動力となり、さらに高い目標を設定する起点となることは言うまでもない。その繰り返しがその人を高め、意義深い人生の歩みを創るのである。

これらのことから、人間にとって「心のはたらき」が何よりも大切であり、何事であろうとも誠意を持ってやり遂げたいものである。勝りを威張ることなく、不勝りを嘆くこともなく、ただひたすらに己の心を磨きつつ誠意と信念を持って事に打ち込み、着実に一つ一つを成し遂げていくこと。

それこそが光り輝く結果を招き、人生の勝利者となるのである。

――

勝り不勝りや
肝からどやゆる
念の入る者に
不手やぬさみ

第三章　六諭のこころ

六諭の教えを知る

本章は、昭和七年十一月初版発行、昭和四十年十一月に再版された東恩納寛惇《ひがしおんなかんじゅん》著の『庶民教科書としての六諭衍義』に基づき、室鳩巣《むろきゅうそう》撰『六諭衍義大意』の内容を、現代仮名遣いによって誰にでも理解しやすいように解説を試みたものである。

第一章でも述べた通り、「衍義」というのは六諭の教義を広く庶民に理解させ、広めることであり、説明の事例として一般社会で起こっているさまざまな人間関係や出来事を取り入れている。

六諭の教え（こころ）は人間が人間として生きていくために不可欠な「心の在り方」であることから、時代がどう変わろうとその教えは変わるものではない。しかし、それを解説するための事例は、社会の実情に合わせて変わるのが当然と考えられる。

以下、六諭の教えを紹介していくこととするが、現代社会の風潮や生活習慣に合わない事例や語句は削除するか、もしくは現代社会に合わせて書き換えるなどしながら、できるだけ簡潔に六諭の意味が理解できるようにした。

名護博物館にある「聖諭」の石碑

従って、江戸時代に室鳩巣が解説した『六諭衍義大意』を基にしながらも、随所に内容や表現の違いがあることを、あらかじめご理解願いたいと思う。

●孝順父母（ふぼに　こうじゅんなれ）

この世に生を受けたすべての人は皆父母が産んだわけであり、いわば父母は自分の命のもとである。その本を決して忘れることがあってはならないし、ましてや養育の恩は山よりも高く海よりも深いものがあり、どうしても忘れてはならないものである。

今、あらためて父母の恩について考えてみたい。

まず、十ヶ月の間お腹の中にいる時から母を苦しめ、生まれて後も父母ともに昼夜を問わず、いかなる場合でも辛苦を言わず大事に育ててくれた。

少しでも具合が悪いとなれば神に祈り、病院に連れて行ったりもする。ときには自分が代わってあげたいほどに我が子を思い、心身ともに健やかに成長してくれることを願うばかりである。

その子が成長すると、学校での勉強を大切にし、場合によっては習い事もさせながら、少しでもより良い人間になって欲しいと心から願う。そして、一人前になると良き縁を求め、末永く幸せであることを願うものである。

また、社会生活を営むに当たっては、悪い人にだまされたり不慮の事故に遭いはしないかと絶えず心配をし、かたときも我が子のことを忘れることなく、自分の一生のすべてを我が子の幸せのためにのみ尽くしてしまうほどである。

これらのことを思えば、たとえ親の愛に完ぺきには報いることができないにしても、せめて親に対する孝行の念は持つべきである。

親孝行というものは、必ずしも父母に服や食べ物を買ってあげるなど、親の生活を良くするということではない。自分のできる限りにおいて父母を温かく見守り、心の安らぎを与えることである。

父母が年老いてからは、できるだけ父母のそばを離れず、常に寄り添ってあげることである。そして、もしも病気になるようなことがあれば、その看病に専念することである。

第一に心得ておかねばならないことは、どんなに父母の身を孝養するとはいっても、父母の心に安らぎなくしては不幸というしかない。

いかなる場合でも父母の教えに逆らうことなく、社会規範を重んじつつ、自分の生きる理念を持ってしっかり生き抜くことである。我が子がこのように力強く生きていく姿を見るとき、父母は限りなく安心し、言うに及ばないほどの喜びを持つものである。

このことを「父母の志を養う」という。
ただいつも思うことは、父母が生きている時に孝養しなければ、死んでしまってからはどんなに後悔しても始まらないということである。
亡くなったのちに、山海の珍物を供えて手を合わせたとしても、生きている時の蔬菜《そさい》には劣るものである。

よって、「父母に孝順なれ」の〈こころ〉は、父母を敬愛し、その教えを大切にしながら、人間として正しく生きる道を求めつつ、自立することである。それによって父母に心の安らぎを与え、父母の愛に報いる努力を怠らないことである。

「父母に孝順なれ」とする主な「琉球いろは歌」は以下の通りである。

○意見寄言や　身の上のたから　耳の根ゆ開きて　肝に留みり（↓P24）
○男生まりても　女生まりても　油断さぬ者ど　我身や持つる（↓P46）

○惜しで惜しまりみ　玉の緒の命　若さ頼がきて　すそうに持ちゅな　（↓P70）

○ゐの春になても　人の花咲きゅみ　年ど寄て行きゅる　油断するな　（↓P72）

●尊敬長上（ちょうじょうを　そんけいせよ）

いかに広い社会といえども、住民がいかに多かろうとも、ただ一つの礼儀によって世の中が定まることを知るべきである。どのような礼儀であるかというと、主従上下の関係をはっきりさせ、混同しないことである。

中でも特に主と従の関係は重要なことであり、主に対しての無礼は世間でも許されないことである。礼儀をもって主従の関係を成すべきである。主人を尊敬するというのは誰でも知っていることであり、今さらここで述べる必要もない。よって、「父母に孝行すること」に次いで、「長上を尊敬すること」を第二の教えとする。

「長上」とは自分より年上の人、または身分が上で、自分の上司に当たる人である。一家でいえば、男女を問わず自分より年上はみな長上である。従って、長上を尊敬する道は、まずは自分の兄・姉を尊敬することから始まるべきである。

また、父方・母方ともに、一族の中で年上の人には礼儀を尽くし、無礼があってはならない。最近では親族の付き合いが希薄となり、年上を尊敬することを知らないままに育っている場合が多い。ましてやちょっとした思い違いによって兄弟・親族が互いに争い、裁判沙汰になることさえもある。

そうなってしまえば、天性骨肉の親しみも仇敵の中になってしまうことになる。それほど恐ろしく空しいことはない。

また、たとえ他人ではあっても、自分の父と同年齢の人や兄と同輩である人は、それに準じて敬うべきである。少しのおごりも相手を侮る行為も許されるものではない。

ところで、長上というのは必ずしも「年上の人」のみを言うのではない。自分の同輩であろうと年下であろうと、人の鑑となるような正しい行為をしている人は当然のこと、芸達者で人の師匠にもなる人は皆、自分の上に立つ人であるわけだから、長上として礼儀を尽くすべきである。決して侮ってはならない。

さらに、自分より何かにつけて勝っている人は、たとえ年が若くても敬うべきである。従って、高位なる人、賢徳ある人、老年なる人を三つの達尊として、世のすべての人々が敬うべき人である。

よって、「長上を尊敬せよ」の〈こころ〉は、

目上の人を敬うことは当然のこと、たとえ同輩や年若の人であろうとも、それぞれに互いの長所を認め合い、尊敬し合うことである。特に自分よりも技能の高い人や優れた能力を持っている人、常に誠実で思いやりの心をもち、物事に対して冷静に判断し、寛容の心をもって実践する人（徳の高い人）も長上として尊敬することである。

「長上を尊敬せよ」とする主な「琉球いろは歌」は以下の通りである。

○知能才ある人や　世の中の手本　朝夕努みとて　沙汰よ残す（→P38）
○禮儀忘りりば　闇の夜の小道　我身どすくなゆる　歩みぐりしゃ（→P56）
○手墨勝りても　知能才勝りても　肝ど肝さらめ　世界の習れや（→P92）
○人や物事に　我身勝いと思て　自慢する者や　馬鹿どなゆる（→P110）

●和睦郷里（きょうりは　わぼくせよ）

生活の場所を問わず同じ郷里に住む人は、先祖以来常に行き通いをし、互いに親しみを持つ血族兄弟である。例えば、見知らぬ土地で故郷の人に出会ったときに、あたかも自分の親戚にでも出会ったかのごとく親しみを感じるのはそのためである。

また、世界的なスポーツ大会の場合には、誰に何を言われなくともごく自然のままに自国の応援をするし、国内のさまざまな競技や行事などにおいても、郷土の選手や人々の活躍にことのほか関心を持ち、拍手を送るのはしごく当然のことである。

しかし、最近の人は一時の怒り、わずかな利害によって日頃のよしみを忘れてしまい、裁判沙汰になることさえもある。それほど嘆かわしいことはない。

その原因は、自分のわがままによって、常に自分の利害のみを考え、相手の立場に立って物事を判断しようとしないことにある。自分のことを大切にしたい心は他人も皆同じである。情けを失った者は木石と同じである。いかなる場合でも相手の立場も考え、恨みを恨みとせず「寛大な心」をもって互いに理解し合うことが大切である。

それらのことを考えるときに、まず大切なことは自分の家庭が和やかで、家族の仲が睦まじいことである。その第一が「夫婦の仲の良さ」である。つまり、夫婦の仲の良さが一家の幸せのもととなり、それが、郷里の皆が仲良く生きていく原動力となるものである。

郷里の者が皆親しく付き合って行くためには、善いことがある時には互いに喜び合い、不幸がある時には弔意を述べること、相手の健康を気遣うことなどである。

これらはしごく当然のことであるが、互いに礼儀を尽くし、真心をもって成すべきである。風水害や火災などの不慮の災難がある時は、郷里の皆が協力して助けてあげることである。

また、行いの悪い人がいれば、繰り返し説得をし、賢徳のある人を尊び、学問のある人に親しみ、芸達者な人を褒め讃え、争いに及ぶ者を戒め、愁いに沈む人を慰め、病弱孤独な人をいたわり、困窮無力の人を救済することである。

そのようになれば、郷里の人々は皆「一家の親しみ」と同じようになり、仲良く助け合いながら楽しく暮らしていけるものである。

よって、「郷里は和睦せよ」の〈こころ〉は、ふるさとの自然を愛し、人を愛し、みんなが思いやりの心・やさしい心をもって仲良く生きていくことが大切である。そのためには、夫婦愛・家族愛を基盤として、郷里の皆が自分のわがままを抑え、相手の立場に立って物事を考え、判断し、互いにいたわり合い、助け合い、協力し合いながら楽しく生活していくことである。（それが郷里の平和、世界の平和につながる道である）

「郷里は和睦せよ」とする主な「琉球いろは歌」は以下の通りである。

○憎さある人も　憎さどもするな　肝の持ちなしや　広く開きり（↓Ｐ30）
○我身に疵あらば　我身の疵なおし　人の疵誹して　益やねさみ（↓Ｐ48）
○妬さ腹立ちや　怪我の本でむぬ　義理よ思み詰みて　我肝締みり（↓Ｐ62）
○雲や風頼て　天の果て行つい　人や肝しちど　浮世渡る（↓Ｐ78）

●教訓子孫（しそんを　きょうくんせよ）

いかなる家庭であれ、子孫を大切にする。子孫の人間性が善ければ家系は隆盛し、人柄が悪ければ、その家系は衰える。このことは万人が知ることであり、子孫がより良く育つことを願わない家庭はないはずである。けれども、生まれながらにしてすぐれた子というのはごく稀であり、すべては教育することによって、すぐれた子に育つものである。

子孫の教育の方法というのは、第一に幼稚の時から父母や兄姉の教えを大切にすること、高齢者を敬うことを教えることである。

言葉遣いについては、決して嘘をつかないこと、立ち居ふるまいは必ず静かにすること、何事を成すにも怠け心を起こさないこと、人間関係においては礼を失しないようにすることなど、人間として生きていくために必要な基本的な生活習慣をしっかりと教育すべきである。そして、常に子孫の行いに注意を払い、わがままな行いは決して許さない姿勢を持つことである。

また、飲食や衣服においても、好き嫌いやわがまま勝手なことをさせてはならない。もちろん、一切の無益な遊びに時間を費やすことがあってはならない。そのことについては昔から「朱に交われば赤くなる」という諺《ことわざ》が教えている通りである。決して不健全な場所で遊ばせてはならないし、悪いことをする人とは付き合いをさせないことである。

子どもには常に学問を奨励し、聖賢の道を教えてあげることである。そうすれば、その子は間違いなく人として幸せな道を歩むことになるはずである。

しかしながら、最近の父母・祖父母の中には子育ての方法を知らない人が多く、子どもの育て方を見ていると、ただ眼前の愛に溺れて一切の基本的生活習慣さえも身に付けさせることなく、子どものわがままを許し「それで善し」としているありさまである。

それによって子どもたちは幼少の頃から、善い行いを見聞きすることなく、ただ勝手なふるまいを好み、礼儀作法さえも知らないままに育っている。学問をさせるとはいっても、人間としてあるべき姿や人として生きる道を教えることなく、ただその学歴を利用しようとするばかりである。それだけでは、どんなに学問をしたとはいっても、自分が人間としてより良く生きていく上では、何の役にも立たないものである。

我が子を本当に愛しているならば、わがままを許すことなく、「その年齢に応じて苦労させることが真の親の愛である」ことを知るべきである。

よって、「子孫を教訓せよ」の〈こころ〉は、
学問を大切にし、人間として生きていくために必要な基本的生活習慣をしっかり身に付けることである。それによって、人としての大切な心を学び、強く正しく生きていく道を習得することである。

「子孫を教訓せよ」とする主な「琉球いろは歌」は以下の通りである。
○下手からど習て　勝れいんすゆる　及ばらぬと思て　思案するな（→P34）
○誰も勤みりば　年寄ての楽よ　子孫寄言や　為どなゆる（→P54）
○常に思み詰みり　人の習わしや　童しの肝ど　地福さらみ（→P60）
○子孫寄言や　油断どもするな　命ちながする　営と思れ（→P106）

●各安生理（おのおの　せいりにやすんぜよ）

この世に生を受けた者は、貧富の差を問わず、いかに偉い人と言えども、自分の親や家庭を選ぶことはできない。つまり、人にはおのおの天から授けられた性能、天性、運命というものがあり、自分の力でそれを変えることはできない。

従って、その運命によって生涯を通して生きていくのが道理であることから、そのことを「生理」と名付ける。各自がその生理をよく理解することによって、自分の運命を嘆いたり、他を羨んだりすることなく生きていくことを「各《おのおの》生理を安んずる」という。

公務員には公務員としての使命があり、政治家は政治家、教育家は教育家としてそれぞれの使命がある。それと同時に農業や漁業、林業等に従事する者、工場や会社などの企業で働く者、自分の技能や趣味・特技等で職を営む者などなど、職場の大小や人数の多少、あるいは職業の対象にかかわらず人間には社会人として成すべき任務、職業使命がある。自分の置かれている立場や自分の成すべき職業使命をきちんと把握し、自分の職分に全力を投入して懸命に生きていくことが大切である。

人間は持って生まれた境遇を変えることはできないにしても、常に目標を持ち、その達成に向けた努力を怠ることなく、粘り強く生きていくことによって自分自身の新たな境遇を創り出すことができるのである。

それによって、己のより良い人生が築かれ、生活も安定し、安心して生きていくことができるものである。

ここで注意せねばならないことは、生活にゆとりのある者が、幼少よりわがまま勝手に育てられてきたために、成人してからも怠け癖が抜けきらず、自分の成すべきことさえもできず、ただ目前の楽しみだけに明け暮れている者が多いということである。

どんなに裕福な家庭に生まれたからといっても、それがいつまでも続くものと考えてはならない。時が経てば、いつどうなるか分からないのが今の世である。遊楽を好み、浮かれ遊んでいては破産するのは当然である。日頃から贅沢な生活をし、何の努力もしない者がたちまち落ちぶれてしまうという例は、昔からいくらでもある。

また、近年になって特に目立つもののひとつが、「自己破産」である。それもまた、自分の生活力を的確に把握しないままに贅沢な生活に明け暮れた結果なのである。従って、いかに裕福な家庭に生まれたからとて、まずは人間としてやるべき道を知ることである。

また、他の幸せを羨んだり、自分の実力以上のことを願ったりすることなく、自分の職分を全うすることが大切である。

よって、「各生理に安んぜよ」の〈こころ〉は、

人はもって生まれた境遇は変えられないが、努力によっていくらでもより良い人生を創造することができる。従って、自分の立場をよく理解し、目標を持ってねばり強く頑張り、達成した喜びを持ちつつ、自分のやるべきことをしっかり成し遂げることが大切である。

「各生理に安んぜよ」とする主な「琉球いろは歌」は以下の通りである。

○櫓舵定みてど　船も走らしゅる　寸法はじらすな　肝の手綱（↓P26）
○蛍火の影に　墨習てだいんす　油断さぬ者ど　沙汰や残る（↓P32）
○ぬが苦さと思て　油断どもするな　遍く働きの　仇になゆみ（↓P42）
○楽に育つしや　苦りさする基　物よ思み詰みて　浮世渡り（↓P66）

●毋作非為（ひいを　なすなかれ）

人間社会に起こるあらゆることは、すべて「是《ぜ》」と「非《ひ》」の二つに区分される。人としての道理に従うことを「是」とし、それに背くことを「非」とする。従って、非の行いをすることを非為《ひい》という。例えば、強盗、殺人、放火等は言うに及ばず、喧嘩、万引、いじめ、そして、よこしまで不正なことをすることなどもすべて大いなる非為である。

これらは、ちょっとした心遣いや注意を怠ることから起こる。それが大きな災いに発展して身を滅ぼし、破産に追い込まれる人もいるのである。それは自分の身から出た錆《さび》であり、他人のせいにしたり、他人を恨んだりするものではない。

世の人々の中には素晴らしい発想を持ち、優れた才能や力量を発揮する人も多い。けれども、邪知（悪知恵）によって事をたくらみ、人をだまし、血気に乗じて礼を失したり、違法行為をすることなど、すべて非為なことである。

また、生まれつき気力の弱い人は、積極的な行いをしないままに月日を送ってきたために、それではいけないと気づいても、「長年にわたってこのように生きてきたのだから、今さら改めることはできない」と諦《あきら》めてしまう。このことも大いなる非為である。

　自分が聖賢な人でない限り、誰にでも過ちはある。自分の過ちに気づいた時こそ決意を新たに奮起し、非を改める努力をすることである。その瞬間から、善人になる道を歩み始めることになるのである。

　さらには、人として踏み行うべき道をおろそかにし、自分の行為は反省せずして、神に祈り、仏に願いを立てる人もいる。神は善に幸いし悪に禍するのであって、真心をもって正しいことをしていれば、神仏は祈らずとも守ってくれるものである。悪い行いをしていながら神に祈っても何の役にも立たないのである。

　いかに神道仏法といえども、自分の非をやめずして神仏の教えに適うことなどあろうはずがない。善い行いに心がけておれば自ずと幸福が訪れることは、万人が承知するところである。

　目に見える行動の非はやめやすいが、心の上での非は簡単に改められるものではない。たとえ他人の前で良い顔をし、真面目な振る舞いをしていても、悪い心が働けば人を欺くなど簡単である。しかし、天を欺くことはできないと重々知らねばならない。

よって、「非為を作すなかれ」のこころは、人として生まれた以上、人の道に反するような悪いことをしてはならない。また、悪いことを企てたり、考えたり、相談したりしてもならない。常に自分の行いを反省し、いつも善人の道を歩むことを心がけることである。さらに、悪い行いに気づいたり注意を受けることがあれば、素直にそれを改める勇気を持ち、善い行いをする心が働くように努力することが大切である。

「非為を作すなかれ」とする主な「琉球いろは歌」は以下の通りである。

○利根偽や　芥子の花心　風や吹かなても　落てるしじさ（↓P40）
○るりの玉と思て　肝の持ちなしや　傷ちかぬ間の　寶さらみ（↓P44）
○隠ち隠さりみ　人の過ちぬ　急じ改みて　我肝磨け（↓P50）
○佛神でんし　肝の上の捌ち　誠ゆい外に　神やねさみ（↓P86）
○欲悪の事や　塵程も持つな　塵積むてからや　山どなゆる（↓P100）

名護博物館にある程順則の銅像

本書の参考文献

『庶民教科書としての　六諭衍義』（東恩納寛惇著、国民教育社）
『沖縄の黄金言』（山城菊江解説、豊平峰雲書、沖縄総合図書）
『程順則の琉球いろは歌』（宮良安彦・解説指導、喜納町子編）
『名護親方程順則遺訓之歌』（名護博物館所蔵）
『名護小学校五拾周年記念誌』（名護尋常高等小学校）
『残しておきたい昔言葉　沖縄の名言』（伊良皆長傑解説、外間峻岩書、郷土出版）
『残しておきたい昔言葉　続沖縄の名言』（青山洋二監修、小川信 書、郷土出版）
『名護親方程順則資料集1 人物・伝記編』（名護市教育委員会）

安田　和男（やすだ・かずお）

1941年、本部町浦崎に生まれる。64年、琉球大学教育学部卒業、国頭村立楚洲小学校教諭採用を皮切りに教員生活に入る。85年、第6回「学力向上実践教育論文」最優秀賞受賞。89年、名護市立名護小学校教頭に採用。91年、名護市立嘉陽小学校校長。ウミガメの保護・放流等「野生生物保護」実践活動–環境教育奨励賞受賞。95年　名護市東江小学校校長に、98年、名護市名護小学校校長。同年、名護親方・程順則の「六諭」の精神を基盤とした幼稚園及び小学校教育の実践に取り組む。2002年定年退職、名護市立教育研究所所長に就任。以後も本の発刊、「六諭音頭」の作詞など、六諭の普及に取り組む。04年、名護市教育委員会学校教育専門指導員に就任。09年3月、学校教育専門指導員退任。

＊本書は2005年発行の『「琉球いろは歌」と六諭のこころ』（ボーダーインク）に加筆・修正を加え改題し、発行したものです。

ボーダー新書 001
名護親方・程順則の〈琉球いろは歌〉
2009年7月15日　第一刷発行
2017年5月15日　第四刷発行

著　者　　安田　和男
発行者　　池宮　紀子
発行所　　（有）ボーダーインク
〒902-0076 沖縄県那覇市与儀226-3
tel098-835-2777　fax098-835-2840
印　刷　　株式会社　近代美術

ISBN978-4-89982-158-8 C0212
定価（本体900円＋税）

ボーダー新書

『名護親方・程順則の〈琉球いろは歌〉』（安田和男）＊
『恋するしまうた　恨みのしまうた』（仲宗根幸市）＊
『沖縄でなぜヤギが愛されるのか』（平川宗隆）＊
『島唄レコード百花繚乱―嘉手苅林昌とその時代』（小浜司）＊
『笑う！うちなー人物記』（ボーダーインク編）
『沖縄本礼賛』（平山鉄太郎）
『沖縄苗字のヒミツ』（武智方寛）
『沖縄人はどこから来たか〈改訂版〉』（安里進・土肥直美）
『ぼくの沖縄〈復帰後〉史』（新城和博）
『壺屋焼入門』（倉成多郎）
『琉歌百景』（上原直彦）
『地層と化石が語る琉球三億年史』（神谷厚昭）
『琉球王国を導いた宰相　蔡温の言葉』（佐藤亮）
『琉球怪談作家、マジムン・パラダイスを行く』（小原猛）

定価＊ 900 円＋税
それ以外は定価 1000 円＋税〈以下続刊予定〉